大变局下
房地产经纪发展

——2020 中国房地产经纪年会论文集

中国房地产估价师与房地产经纪人学会　主编

中国城市出版社

图书在版编目（CIP）数据

大变局下房地产经纪发展：2020中国房地产经纪年会论文集 / 中国房地产估价师与房地产经纪人学会主编. —北京：中国城市出版社，2021.7

ISBN 978-7-5074-3379-1

Ⅰ.①大… Ⅱ.①中… Ⅲ.①房地产业—经纪人—中国—文集 Ⅳ.①F299.233.55-53

中国版本图书馆CIP数据核字（2021）第129697号

责任编辑：徐昌强　陈夕涛
责任校对：赵　菲

大变局下房地产经纪发展——2020中国房地产经纪年会论文集
中国房地产估价师与房地产经纪人学会　主编

*

中国城市出版社出版、发行（北京海淀三里河路9号）
各地新华书店、建筑书店经销
逸品书装设计制版
北京圣夫亚美印刷有限公司印刷

*

开本：787毫米×1092毫米　1/16　印张：10½　字数：233千字
2021年7月第一版　2021年7月第一次印刷
定价：**50.00**元
ISBN 978-7-5074-3379-1
（904369）

代序

大变局下房地产经纪行业发展与展望

——在 2020 中国房地产经纪年会上的致辞

杜　鹃

尊敬的各位嘉宾，各位同仁：

大家好！

今天，因受到疫情影响，我们采用线上形式举办 2020 中国房地产经纪年会。在此，我代表主办单位中房学，对各位在座的来宾，以及线上观看年会的各位同仁，表示热烈的欢迎和诚挚的感谢！

2020 年是极不平凡的一年，新冠肺炎疫情在全球蔓延，对我国和全球经济产生巨大影响，当前海外疫情形势仍然严峻，全球经济严重受挫。面对突如其来的疫情和外部形势的冲击，在党中央的坚强领导下，全国上下共同努力，我国疫情防控取得重大成果，经济发展呈现稳定转好态势，在疫情防控和经济恢复上走在世界前列。面对疫情及经济下行压力，国家坚持“房住不炒”的房地产调控主基调，不将房地产作为短期刺激经济的手段，坚持稳地价、稳房价、稳预期，因城施策、一城一策。据国家统计局数据，1～7 月份，全国商品住房销售面积 7.38 亿平方米，同比降幅由 1～3 月份的 25.9% 收窄到 5%，房地产开发投资 7.53 万亿元，同比增长 3.4%，住宅销售价格总体保持平稳。房地产企业复工复产进展顺利，房地产交易快速恢复，房地产市场总体保持平稳运行。

房地产经纪机构企业积极抗击疫情，在助力经济恢复、满足群众住房需求等方面，发挥了积极作用。在疫情暴发期间，房地产经纪机构受影响很大，有的企业经营困难，但多数企业勇于承担社会责任，积极响应国家号召和行业倡议，通过捐款捐物、志愿服务等方式支持疫情防控工作。同时，由于线下渠道受阻，企业积极创新服务方式，VR 看房、直播卖房、线上签约等新模式被消费者所接受，满足了群众在疫情期间的居住需求。疫情缓解后，房地产经纪行业积极推动市场复苏，房地产市场和全国经济恢复节奏保持一致，有的企业抓住机遇逆势而上，在资本市场上市，在社会上产生重大影响。

目前，房地产市场整体平稳，但也不容乐观，国外疫情还在蔓延，有效防控手段还没有产生，疫情防控常态化将持续一段时间。受疫情冲击，世界经济衰退，经济发展外部环境严峻，内部发展面临挑战。面对这些不确定不稳定因素，我们今年的年会主题定为“突破与提升——大变局下房地产经纪发展与展望”，旨在探索行业如何应对外部挑战、认清未来发展趋势、抓住机遇谋求发展。为此，我们要把握好以下几点：

一要增强发展信心。虽然当前国家遇到的很多问题是中长期的，但是在形成以国内大循环为主、国内国际双循环的新发展战略中，行业既面临挑战也存在机遇。总的来看，行业发展前景仍然广阔。一是随着城镇化加速发展，人们的住房及改善性需求依然较强，经纪行业市场规模越来越大，企业有足够的市场发展空间。二是经纪行业经过多年的市场开拓，二手房、新房及售后业务普遍开展，服务链条延长，延展空间扩大。三是行业地位和社会认可度越来越高，社会资本和互联网巨头争相进入经纪行业，为行业注入了资金和技术，也带来了新的改变和能量。四是行业从扩店增人的传统扩张模式，向线上线下结合、企业之间合作共赢的模式转变，科技赋能和合作机制的建立，使行业更加充满生机和活力。这一局面的形成来之不易，既与国家的飞速发展分不开，同时也是广大经纪机构艰苦奋斗创造的。房地产经纪的行业不仅是传统行业，更是朝阳产业，未来市场将更加开阔，业务将更加充足，资本和科技的赋能将推动行业加速发展。为此，我们要满怀信心，相信我们的行业会越做越大，越干越好。

二要服务发展大局。党中央、国务院高度重视房地产行业健康持续发展，不断做出重要决策，指引了行业的发展方向。我们全行业要识大体、顾大局，在中央房地产调控政策的指导下，开展各项工作。首先要树立全局观念。行业不但要关注做好自身的工作，更要学习中央宏观经济政策和房地产市场调控政策，要按照主管部门要求，一方面要着力保持房地产市场平稳健康发展，另一方面让企业的发展更适应国家房地产市场发展的大势，通过我们的工作来保持房地产市场平稳健康发展，维护国家经济安全。其次要坚决纠正违法违规行为。韩正副总理最近指出，要持续整顿房地产市场乱象，依法有效查处违法违规行为。为此，主管部门持续开展专项整治，对侵害群众利益的行为给予坚决制止，经纪行业要坚持发布真房源、披露真信息，确保交易资金安全、抵制违反、变相执行以及规避房地产市场调控政策的短视行为，以实际行动维护房地产市场秩序。

三要坚持共生共赢。我国的房地产经纪市场很大，只有大中小企业共同发展，共生共赢，才能满足社会对经纪行业的需求。一是品牌企业要发挥引领作用。这几年，行业的集中度越来越高，品牌企业、超大企业正在涌现，在大中城市的经纪活动中发挥着重要的作用。随着企业的做强做大，社会对这些企业的期望值越来越高，这些企业的社会影响也将越来越大，所以，品牌企业越是做大越要起到表率和模范作用。在增强服务意识，规范从业行为，开展技术创新，建立竞合机制，服务中小企业、提升从业人员素质方面要越做越好，切实发挥引领作用，带动行业健康发展。二是中小企业要做好做精。我们倡导业态、模式的多样化，让中小企业有生存发展空间。中小企业要发挥自身优势，立足本地区做好做精自身业务，不断打牢发展基础。要提升服务品质、诚实守信、规范经营、深耕社区、做出特色。使中小企业在大城市部分区域和中小城市发挥应有作用。只有大中小企业共生共存，共生共赢，才能满足社会对房地产经纪行业的多方位、多层次需求。

四要加强线下线上结合。近年来，新科技新技术不断涌现，深刻改变着房地产经纪行业，线上线下结合已经成为行业发展的必然趋势，目前线下机构与线上平台对接，线上平台积极为线下机构提供服务，在线上平台活跃的经纪人员已达几十万，有的平台达上百万。据中房学问卷调查，疫情缓解后，行业技术手段应用普遍提高，上半年全国 40% 的经纪门店 VR 看房量增加，23% 的门店线上签约服务量增加，52% 的门店在线咨询业务增加。近年来，除了行业已有平台外，腾讯、阿里、字节跳动等互联网巨头进军房地产经纪行业，将加速房地产经纪行业线上线下融合，为此，行业要优化平台建设。交易平台要完善合作机制，深化房源共享、联合销售、佣金分配制度；加盟机构要及时反映诉求，交易平台要积极提供服务，在合作中巩固共赢关系，维护加盟企业的独立性。媒体平台要与企业实现后台房源对接，与政府主管部门建立房源核验渠道，积极开发技术产品，为线下机构提供多种服务。要继续创造条件，鼓励企业、协会、平台积极创建房源共享系统，坚持广覆盖、全开放、公平竞争的原则，让企业有更多的自主选择机会，满足行业多样化需求。

这次年会我们邀请了业内代表性企业负责人和专家发表演讲，希望各位嘉宾结合年会主题，探讨当前企业及行业发展的问题和趋势，希望观看会议直播的从业人员参与研讨，共谋发展。会后我们将把这次年会演讲和征文汇编成册，发给大家。让我们共同努力，把这次年会开好，让大家有所收获，让我们共同创造行业更加美好的未来。

最后，预祝年会圆满成功！

谢谢大家！

（作者单位：中国房地产估价师与房地产经纪人学会）

目　录

代序　大变局下房地产经纪行业发展与展望

——在2020中国房地产经纪年会上的致辞 …… 杜　鹃 / Ⅲ

规范发展房地产经纪行业　助力实现更美好的居住 …… 柴　强 / 001

新居住的“快”与“慢” …… 彭永东 / 004

房地产经纪线上线下融合发展之道 …… 莫天全 / 011

房地产经纪的六个不变 …… 谢　勇 / 014

未来十年

——“四度空间”颠覆产业经营模式 …… 李同荣 / 019

后疫情时代下的特许加盟线上化 …… 卢　航 / 026

房地产经纪行业进入服务者时代 …… 缪寿建 / 031

开放共赢

——中国房地产经纪行业未来 …… 叶　兵 / 034

5G时代催生中介的哑铃型市场格局 …… 王　波 / 038

房地产经纪交易规则的人性思考 …… 叶维坚 / 041

打造中国商办市场BMLS平台 …… 陈云峰 / 045

房产平台新趋势

——以用户体验和经纪公司体验为核心 …… 苏伟杰 / 052

推动资金存管　降低交易风险 …… 李文杰 / 060

房地产经纪机构信息告知责任之限度与规制 …… 曹伊清　王　峥 / 066

存量房中介服务纠纷法律风险防范与维权 …… 柳正忠 / 073

日本房地产中介市场的经验与借鉴 …… 曹云珍 / 080

美国房地产经纪行业发展趋势 …… 李秀娟 / 084
加拿大房地产经纪行业的道德规范 …… 麦文华 / 087
英国房地产交易纠纷解决机制及对我国的启示 …… 王　霞 / 091
后疫情时代及大变局下房地产经纪行业发展的思考 …… 刘东颖 / 096
疫情下房地产经纪行业发展情况的调查分析 …… 涂　丽　王明珠 / 101
疫情常态化防控下房地产经纪人员如何自我提升 …… 邢亚峰 / 111
践行企业家精神　履行神圣责任　扛起家国担当 …… 卢　俊 / 120
房地产中介行业信用评价与管理体系建设研究 …… 宋梦美 / 125
房地产经纪行业的数字转型：大数据与区块链机遇 …… 杨智璇　周新健 / 133
房地产经纪新业态模式发展及中小企业如何应对
——以贝壳找房经营模式为例 …… 华　洪 / 138
基于利益驱动思维下的房地产经纪行业机制重建
…… 欧　椋　刘元林　郭曙英 / 144
私人房产咨询师模式可行性研究 …… 石　林 / 149
发挥房地产经纪作用
——提升二手房公积金贷款的接受度和便捷度 …… 王明珠　陆卓玉 / 155

后　记 …… 159

规范发展房地产经纪行业　助力实现更美好的居住

柴　强

2020年初以来，新冠肺炎疫情给我国经济社会发展各领域带来深刻影响，房地产经纪行业也不例外。现阶段，无论是从改善人民居住条件、建立租购并举的住房制度来看，还是从扩大内需、稳住经济基本盘来看，都需要重视房地产经纪行业，规范其发展，发挥其积极作用。

房地产经纪俗称房地产中介，在居住服务中实质上是住房流通服务，为住房需求者和供给者提供房源、客源、市场价格等信息，并提供住房交易咨询、房屋状况查验、协商议价以及代办抵押贷款、税费缴纳、不动产登记等相关专业服务。

一、呼唤高品质经纪服务

住房是价值最大的居民生活必需品，无论是对购房人还是卖房人来说，住房交易安全和顺畅都十分重要。房地产经纪一端联系着住房供给者，一端联系着住房需求者，帮助人们通过住房流通改善居住条件，其必要性和重要作用，如同现代商业、金融等“中间商”在商品流通、资金融通中的必要性和重要作用一样，应当是毋庸置疑的。

2018年，我国城镇居民人均住房建筑面积达到39平方米，户均住房超过一套，虽然住房总量短缺问题已基本解决、居住状况有了很大改观，但人们改善居住条件的愿望仍然很强烈。在现今住房总量基本满足需要和房价普遍较高的情况下，人们改善居住条件转变为主要依靠住房梯级消费、住房置换来实现，这从近年来许多城市住房交易中出现越来越多的“连环单”现象便可以看出。

住房交易的金额很大、频次很低、标的独特、流程复杂、税费较高、风险点多、时间较长、专业性强，尤其是二手房买卖比新建商品房买卖更加复杂，无论是买方还是卖方，通常都十分慎重，但又普遍缺乏相关专业知识和实践经验，需要诚信专业的经纪服务。因此，随着住房发展进入存量时代，通过住房流通改善居住条件的需求越来越旺盛，同时对经纪服务的需求也越来越多、要求也越来越高。

近年来，住房交易已明显出现两大转变：一是从刚性需求为主转向改善性需求为主，二是从新建商品住房销售为主转向存量住房交易为主。而存量住房交易由于交易标的更不同质、信息更不对称、流程更复杂等，更加需要经纪服务。

目前，存量住房交易中通过经纪服务促成的比例，美国等房地产市场成熟国家一般在90%以上，我国平均为60%左右，北京等大城市已达80%，未来还会不断上升。因此，我们相应地需要从主要重视住房开发建设转向也要重视住房交易服务。未来，高品质的经纪服务市场前景广阔，金字塔顶端的好服务永远都是稀缺品。

二、需重构行业基本规则

房地产经纪行业是房地产市场的伴生产业，在过去几十年房地产市场建立和快速发展过程中，因我们对房地产经纪行业的认识不足、重视不够、规范较晚，房地产经纪行业基本上是野蛮生长，积攒了不少发展痛点。例如，由于双方居间、成交为王等，导致目前房地产经纪企业及其经纪人员的服务普遍不够诚信专业。因此，必须对房地产经纪行为予以大力规范，这就要求首先重新构建房地产经纪行业的基本规则。

现行房地产经纪行业的基本规则存在诸多问题，从业人员基本上没有准入门槛，导致其素质低、随意进出、短期行为，并且谁成交谁收取佣金导致相互间争抢房源客源，在“成交为王”的导向下，经纪服务为了成交而不顾一切，加上违规成本很低，导致劣币驱逐良币。开展行业专项整治虽然能形成震慑，但很难治本，关键在于改变现行行业基本规则。

重新构建行业规则最重要的是以下三个方面：一是实行从业人员准入，可从经纪从业人员实名登记从业入手，逐步建立全员准入类职业资格制度。对房地产经纪从业人员实行准入，其道理与开车必须拿驾照一样，美国、日本等发达国家和我国港澳台地区都对房地产经纪从业人员实行准入。二是实行单方代理，应从双方居间转向单方代理，尽力维护委托人的合法权益，甚至应依法为委托人争取最大的利益。在单方代理的基础上倡导房源独家代理、同时必须及时在全行业内公开独家代理房源，实行全行业合作销售。三是实行损害赔偿，必须发布真实房源信息，且要全面披露重要信息，即要告知和说明房屋瑕疵、抵押、查封等必要的信息状况，因信息披露不真实、不全面，诚信专业服务不到位而给交易当事人特别是委托人造成损失的，要赔偿，通过损害赔偿机制倒逼行业走上正循环。

三、实现更加美好的居住

近年来，房地产经纪行业开始转型升级，从主要提供住房交易信息转向提供高品质居住服务。存量时代更需要高品质的经纪服务，它能够服务于租购并举的住房制度。同时，在住房流通过程中，房地产经纪能发挥多种积极作用。

一是保障住房交易安全，特别是防范陌生人之间交易可能产生的风险；二是促进住房交易公平，避免交易者因不了解交易对象和市场行情而吃亏；三是提高住房交易效率，为交易者提供众多交易机会并快速匹配；四是降低住房交易成本，节省交易者在信息搜寻、协商议价、产权过户等诸多环节花费大量时间和精力；五是优化住房资源配置，有利于住房流通、盘活存量住房资源、促进住房合理利用。

房地产经纪行业有着百万数量的从业者，高品质的经纪服务不仅顺应人民美好居住生活需要，而且对新冠肺炎疫情下稳定就业、扩大内需、稳住经济基本盘也有很大促进作用。除了住房交易本身，房地产经纪推动实现住房流通和梯级消费，从而催生了大量装饰装修、更换家具家电等消费需求，带动了其他消费和产业发展。

房地产经纪企业往往深耕社区，可以发挥其经纪门店、经纪人员邻近和熟悉住宅小区的优势，借力丰富社区服务。例如，一些经纪企业为小区居民无偿提供便民服务，像提供雨伞、免费复印、临时寄存快递物品等，一定程度上弥补了社区服务的“最后一米”。此外，房地产经纪企业还可以在建立健全楼盘数据、动态更新楼盘表信息、建设智慧社区等方面发挥积极作用。

房地产经纪行业的高质量发展可以体现在两个方面，即实现有尊严的服务者和更美好的居住，这既需要通过建立健全行业标准规范、重构行业规则及基础设施来实现行业正循环，也需要社会更加关注房地产经纪行业的规范健康持续发展，而这些都离不开一个良好的舆论环境。

（作者单位：中国房地产估价师与房地产经纪人学会）

新居住的“快”与“慢”

彭永东

摘　要：为实现用户体验、服务效率、服务者职业化极大提升的新居住阶段，以业务流程改造和行业基础设施升级为特征的产业互联网成为必由之路。该趋势迫在眉睫（“快”），是因为存量时代到来，消费者对服务品质的期待和服务者对职业化的需求，都在倒逼产业基础升级；而新冠肺炎疫情更推动了数字基础设施的快速迭代。另一方面，新居住领域的产业互联网进程，又需要长期才能完成（“慢”）：无论物理基础设施和数字基础设施两个网络的建设，还是基础设施从自建到开放，抑或行业生态中各角色的共同进化，都需要漫长过程与长期投入。

关键词：新居住；产业互联网；流程改造；基础设施

随着中国房地产行业从增量时代进入存量时代，市场对用户体验、服务效率、职业化提升的“新居住”需求日益迫切。产业互联网是实现这一行业愿景的关键路径。本文将介绍产业互联网的定义，分析其对房产经纪服务行业的改造路径，并通过梳理产业互联网建设的迫切与长期两大特征，探讨行业升级之路。

一、产业互联网：通往新居住的必由之路

改善用户体验、提升服务效率、服务者职业化，是房产经纪服务从现阶段往更高阶段（以下称“新居住”阶段）演进的三个提升点；从现状看，这三点都还有很大的发展空间。用户体验方面，目前行业的 NPS[①] 值行业平均 -40%，远低于其他服务型行业，消费者的服务体验无法得到保证；交易流程周期也较长。服务效率方面，2019

① NPS（Net Promoter Score）净推荐值，又称净促进者得分，亦可称口碑，是一种计量某个客户将会向其他人推荐某个企业或服务可能性的指数。

年，经纪人人均年 GTV[①] 为 350 万元，店均年 GTV 不到 2000 万元。此外，服务者的职业化也较为初级：经纪人的人均从业时长仅 6～9 个月，人均收入不到 5 万元，稳定性和收入水平都离“有尊严的服务者”较远。各项指标都说明，行业发展水平离“新居住”仍有相当距离。

如何到达新居住时代？产业互联网是行业升级的必由之路。

（一）产业互联网：互联网对产业的深度改造

互联网通过对现实世界的结构化标准化，将信息数据化后作数据连接和计算处理，最终将结果反馈于现实世界。在这一个过程中，通过对信息加工、聚合、分享，创建了更高效的数据流动方式，让市场各环节的效率更高、成本更低。

从发展阶段看，互联网对经济的渗透，正从消费互联网向产业互联网深化（见图 1）。

图 1　互联网的定义及两大发展阶段

资料来源：贝壳研究院整理

消费互联网阶段，主要通过对已数据化 / 线上化的信息进行连接，实现提效；对现实世界的改造环节主要在于认知（信息获取）、获客（广告）、转化（电商）。影响的产业局限于媒体、娱乐、零售、金融等领域，是“更容易摘的果子”。

产业互联网是互联网的更高阶段。产业互联网对现实世界的改造扩展至主动的结构化、数据化、计算化，生成更多的数据与数据连接。改造环节延伸至交易、供应链、生产；影响的产业也扩展至更多线下服务、物流、制造、工业等领域。是对包括房产经纪在内的各传统产业的更深度改造，属于“难摘的果子”。

（二）产业互联网的改造途径：场景重构和基础设施建设

产业互联网如何改造产业？一是场景重构（流程改造），二是基础设施建设。以房产经纪交易服务行业为例（见图 2）：

首先，场景重构。把业务流程按照不同角色（客户、业主、经纪人）在各个流程中所需完成的工作环节进行“拆”和“连”。通过拆分流程，并提供标准化、数字化服务，从而提升服务效率，实现流程改造。

① GTV（Gross Transaction Volume）总交易金额。

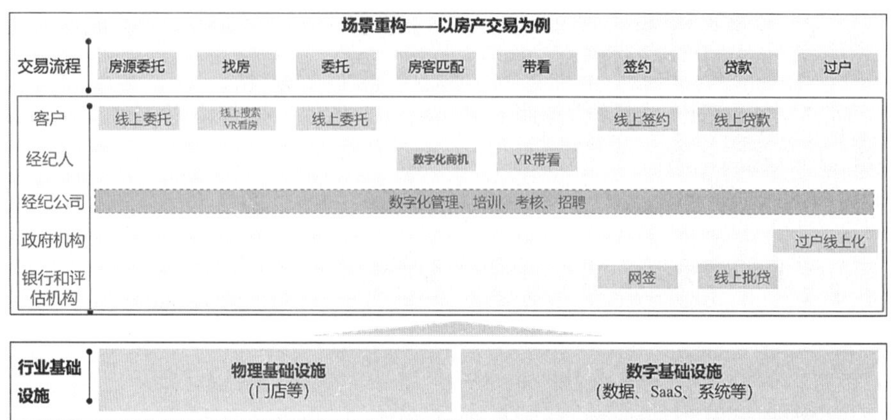

图 2　产业互联网对经纪行业改造的两个层面：场景重构及基础设施建设

资料来源：贝壳研究院整理

其次，基础设施建设。在房产经纪行业，基础设施包括门店等物理基础设施，也包括数据、SaaS、系统等数字基础设施。从门店升级、数据建设、SaaS 等基础设施升级入手，才能“利其器，善其事”，更好地支持各个环节的场景重构提效。

二、新居住的“快”：趋势近在眼前

新居住的产业互联网改造迫在眉睫，“趋势来得快”。存量时代到来，消费者主权提升和服务者职业化，倒逼行业升级。而新冠肺炎疫情对线上场景的催化，更加速了数字基础设施的迭代速度。

（一）存量时代，消费者主权提升

随着中国城镇化发展，住宅短缺成为历史，房产交易进入存量时代，消费者主权提升，倒逼产业互联网升级。

我国城镇家庭户均住宅套数从 2005 年的户均 0.9 套增长为 2019 年的户均 1.2 套，人均居住面积已超过 40 平方米，购房需求已从刚需逐渐转化为改善、置换需求，进入住房消费升级阶段。此外，随着大数据、VR、IOT 物联网等技术的进步，消费者获取和利用信息的效率提升，信息不对等的减少，更加速了消费者的平权。如何通过产业互联网流程改造与行业基础设施，更好满足消费者主权提升后的品质服务要求，成为对全行业的挑战。

（二）服务者的职业化需要行业系统支持

从业人员亟待行业支持职业化提速，是新居住产业互联网的又一驱动因素。

当前的房产经纪从业者，整体呈现低收入、低学历、低效率、弱留存的特点。从收入看，中国房地产经纪人年佣金收入不足1万美元，而美国平均收入超过5万美元。从学历看，中国房地产经纪人集中在大专、高中及中专学历，而美国多是大学和研究生学历。如前文所述，服务效率低与工作年限短也在阻碍从业者群体实现职业化（见图3、图4）。

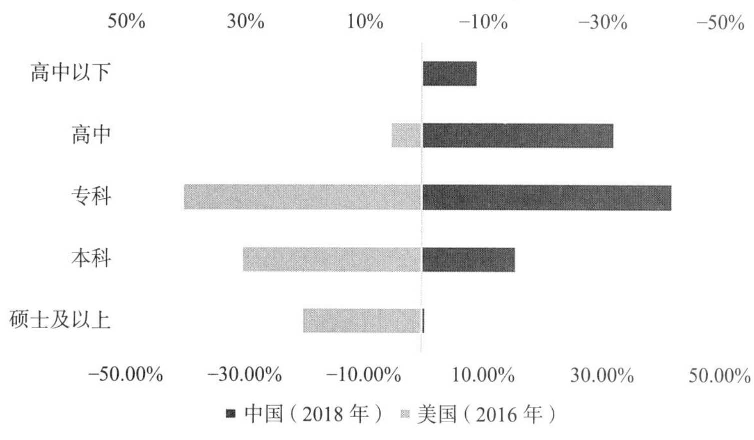

图3　中美房地产经纪人学历水平对比

数据来源：NAR，贝壳研究院整理

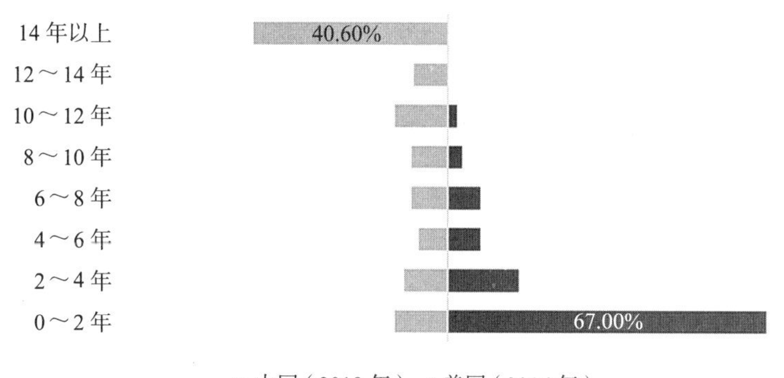

图4　中美房地产经纪人从业年限分布

数据来源：NAR，贝壳研究院整理

为解决以上问题，需在行业内部建立有效的分工、合作与激励机制；更需用流程改造与基础设施提效，实现高效合作网络—高品质服务—高回报的正循环。

（三）疫情加速了数字基础设施的迭代速度

新冠肺炎疫情对线上化场景的促进，极大加速了新居住的数字基础设施迭代。

具体而言，疫情期间房源实勘、房源带看、线下签约等环节难以开展，为行业场景数字化、服务线上化等基础服务的完善提供了机会。以贝壳平台的VR看房数量为例，2020年2月至6月，每周VR看房数量剧增。而VR看房之外，线上房源委托、找房甚至签约等环节均在疫情期间发生快速迭代。疫情加速了交易的线上迁移，整个行业的数字基础设施建设被加速了 2 年左右（见图 5）。

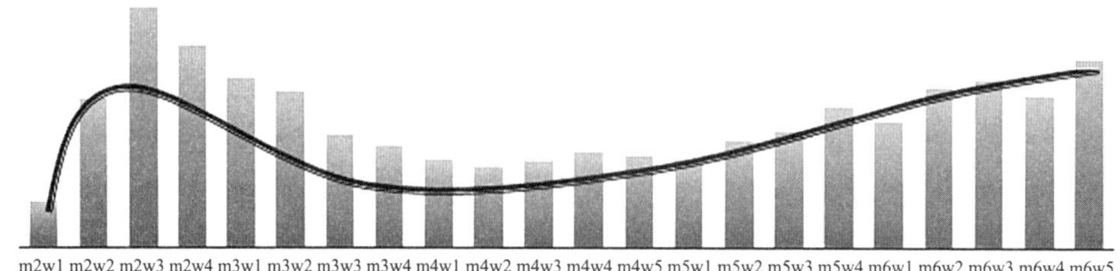

图 5　2020 年上半年贝壳平台 VR 带看趋势

数据来源：贝壳研究院整理

三、新居住的“慢”：产业互联网基础设施与生态的形成过程

虽然新居住趋势已近在眼前，但“冰冻三尺，非一日之功”，基础设施与生态的形成，是一个长期过程。物理世界和数字世界两张基础设施网络建设、行业基础设施的开放、行业中各个角色的升级进化，都需要较长时间与持续投入。

（一）物理世界的基础设施建设，需要时间

新居住的物理世界基础设施建设，围绕以人店为核心进行改造。门店方面，不仅涵盖对门店的规模及标准化，还包括对门店的数字化管理，提升门店效率。以贝壳为例，连接入平台的门店在接入的 18 个月内，效率都得到了稳定提升。服务者（经纪人）方面，不仅涵盖分工合作网络的构建，还包括对从业群体培训、认证等方面的行业规则制定。门店 + 服务者的行业网络升级，需要时间。

（二）数字世界的基础设施建设，需要时间

新居住的数字世界基础设施建设，需要从最初消费者端的信息赋能，延伸到对服务者端的交易 / 供应链等环节赋能。需要做的事越来越多，越来越重。

从消费者端来看，大部分交易流程现仍在线下完成，线上化完善仍需过程。虽然搜索房源信息的渠道已逐步从线下转为线上，但带看、签约、贷款、评估等环节仍多在线下完成。交易等环节的服务线上化，受制于交易金额大、信息高度非标准化、线上交易安全风险难控等障碍，模式改造难度大，进程相对比较缓慢，需要更多技术迭代和场景探索。

从服务端（B 端）的基础设施赋能看，也是较长的探索过程。虽然不少企业已通过 SaaS 工具和作业培训，对房地产经纪人进行赋能，大幅度提升了作业效率，缩小了房地产经纪人的能力方差，但随着赋能环节深入到交易、供应链等环节，所需的迭代时间，都比信息赋能时期（C 端赋能）要长，投入也更大（见图 6）。

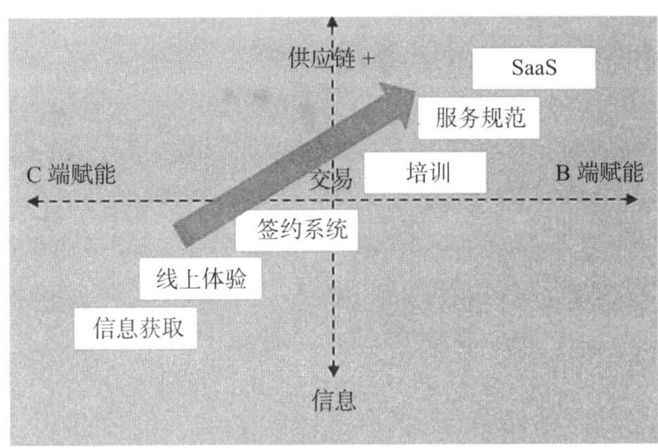

图 6　数字世界的行业基础设施网络

资料来源：贝壳研究院整理

（三）行业基础设施从建设到开放，需要过程

新居住时代产业互联网的基础设施建设，往往会经历一个从行业领军企业的（内部）探索建设、迭代，到逐步向行业开放的过程，该过程也需要较长时间。

以房产经纪行业为例，从链家时代到贝壳时代，贝壳找房针对品牌、店东、经纪人，逐步形成了一系列的赋能工具体系。针对品牌层面，建立新经纪品牌联盟、新居住企业家学堂、品牌数据看板等。针对店东层面，创设店东管理系统、花桥学堂，帮助店东系统化、数据化的分析和管理店内房源、客源和经纪人，以科学运营指标来指导门店经营管理。针对经纪人层面，建立全国首套经纪人信用体系贝壳分体系，从学历参考、专业考试成绩、合作伙伴评价以及用户评价等角度对房地产经纪人各维度进行综合评分。同时，推出 A+、Link、房产交易中心等工具，提升品牌 / 店东 / 经纪人的服务效率（见图 7）。

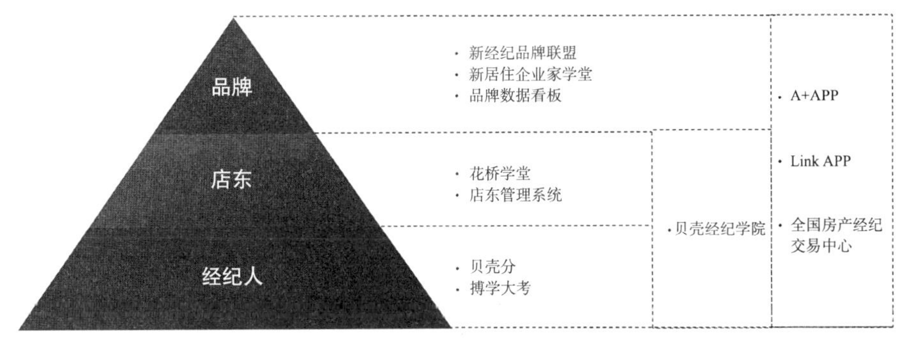

图 7　行业基础设施从建设到开放：以贝壳为例

资料来源：贝壳研究院整理

这一套赋能体系在贝壳平台的使用，经历了多轮试错与迭代，才逐渐成熟，并在此基础上，逐步向整个行业开放。这也是一个以年为维度的过程。

（四）行业角色的进化，需要共建

新居住是一条又长又宽的雪道。大赛道的繁荣，需要靠行业各角色共建生态。这对行业不同参与者有不同的进化挑战，难以一蹴而就。

对经纪人，需要更加专业化、职业化；对店东，则需要提升管理的效率；对品牌，需要考虑如何实现品牌差异化运营，并打造品牌竞争力；对于平台企业，需要平衡基础设施的建设、规则、治理、竞争效率等多方诉求；而对于行业组织，如何在推进规范发展、生态共荣的同时，保障公众权益，也成为新的课题。总之，要推动各方围绕新居住时代的消费者体验提升，实现共同进化，也需要过程。

四、结语

产业物联网赋能新居住，是一个已开始到来的必然趋势；但难以速成、需要用信心与韧性去长期实现。“做难而正确的事，慢就是快”。未来虽任重道远，但相信通过各方的不懈努力，整个行业一定会迎来新居住的崭新未来。

（作者单位：贝壳找房）

房地产经纪线上线下融合发展之道

莫天全

摘　要：预测房地产经纪行业未来发展趋势：交易过户中心将不复存在，房地产经纪人总量会减少，独立经纪人数量会增加并将加盟全国品牌服务商，8年后二手房交易中通过经纪服务成交的比例将减少到 50%。未来房地产经纪机构的 4 种发展模式：一是提供全方位服务的混合模式，如贝壳 + 链家、58+ 爱房、易居 + 乐居；二是直营模式，如麦田；三是加盟模式，如 21 世纪中国不动产；四是全网平台模式，如房天下。此外，还将存在独立经纪人模式。未来房地产经纪行业主要存在 4 个方面的风险：IP 数据风险、品牌风险、寡头垄断风险和模式风险。

关键词：房地产经纪行业；发展趋势；企业模式；行业风险

受新冠肺炎疫情影响，房地产经纪行业受到了一定冲击，但是现在市场基本恢复正常。此次疫情中，中国的经济在全球经济当中表现可以说是最好的，经纪行业也凭借这个势头大力发展，让我们又前进了一步，缩短了与世界的距离。本文主要从房地产经纪服务的趋势、企业模式和未来风险三个方面展开分析。

一、房地产经纪服务趋势

8 年以后，笔者认为交易过户中心将不复存在，系统化的端口将对接到每一个企业，交易效率将大幅提高。另外，经纪人也不会坚守在小区门口，特别是周末。

从行业发展趋势来看，8 年以后，笔者认为经纪公司未来将分成两大类，一类是综合服务商，全面解决交易过程中双方的问题，而相当大部分将成为有限服务商；对于经纪人来说，未来独立经纪人将占所有经纪人的 50%，大部分独立经纪人将加盟全国品牌服务商，经纪人数量将是现在的一半，经纪人素质将大大提高；至于佣金，综合服务商的费用相当高（3%），但是有限服务商费用不会太高（1%），因为不需要提供复杂或者全过程的服务。

从市场发展来看，首先，笔者认为未来二手房市场上需要提供中介服务的大概占50%，直接交易的占50%。现在的手拉手交易，随着信息透明，房屋过户等配套政策的完善，二手房交易会变得越来越简单，这是技术进步的必然结果。其次，新房市场这两年发展非常快，尤其是渠道商联动发展迅速，未来新房市场如何发展不好确定，但是笔者认为未来高佣金渠道业务（一二手联动）将不复存在，因为新房市场本身相对透明，而二手房交易更为复杂，现在确实存在新房佣金偏高的现象，甚至超过二手房佣金，这是没有理论依据的。另外，对于住房租赁市场，未来专业化的住房租赁企业和自租市场将会共存，因为自租市场在未来流程或者数据透明化的情况下，也会得到进一步发展。

二、企业模式：房地产经纪服务

第一种模式是混合模式，包括贝壳 + 链家模式、58+ 爱房模式、易居 + 乐居模式等，这是规模比较大的全方位服务的模式，有一部分企业已经发展为这种模式。特点是有自己的直营服务、加盟服务、网站平台，以及自己的操作系统，业务覆盖了新房、二手房和租房市场，未来有可能会成为主流发展模式之一。

第二种模式是直营模式，比如麦田房地产经纪，其有一小部分是加盟的，但大部分是直营。这种模式的特点是有自己企业的文化，完全按企业模式来管控，也有自己的操作系统和网站平台，新房、二手房和租房业务都会涉及，这也是主要的发展模式之一。

第三种模式是加盟模式，典型代表是21世纪中国不动产。这种模式的品牌价值非常重要，吸引别人来加盟自己的企业，另外也有自己的操作系统和网站平台，新房、二手房和租房业务也都会涉及。现在线上线下融合是一种趋势，未来大企业都会往这个方向发展。加盟模式在世界上发展也是非常成熟的。

第四种模式是全网平台模式，即房天下模式。所谓全网的概念就是全收概念。以前房天下的挂牌量信息，主要还是依靠自己收集、加工和整理，下一步要做的就是开放，各个平台更加开放。不仅仅有自己的客户挂牌量，也有所有支持我们客户的挂牌量，帮助经纪人获客，支持购房者找房，跟大家一起合作。这种模式的特点是全网平台 + 数据基础 + 赋能服务，大家一起来推动这个市场发展。

另外，还有独立经纪人模式、加盟经纪人模式、加盟经纪企业模式，等等。

三、未来风险：房地产经纪服务

第一是IP数据风险。IP风险在哪儿？对于企业自有知识产权的数据，包括图片、视频等，只要是含有该企业标志、能够甄别出该企业产权的信息，其他企业都不能使用，因此可以将所有竞争对手排除在外。所以规模较大的企业一定要建设自己的数据库，否则，其他企业设立知识产权未来有可能会成为大企业的隐患。除非是有一个大的平台可以实现 IP 数据共享。

第二是品牌风险。当下品牌的价值越重要，一旦品牌出现一点儿问题，带来的影响也会越大。所以大家应该重视对自己品牌的保护，将避开品牌风险视为企业发展的一个大事。

第三是寡头垄断风险。未来的房地产经纪市场，如果说 30% 甚至 50% 的市场份额集中在一两家企业手上，这个市场将是非常危险的。所以，为了市场的长期可持续发展，要避免行业出现寡头垄断的情况。

第四是模式风险。比如高佣金的一二手联动模式，未来很可能不复存在，如果企业只是埋头苦干、大笔投资，不考虑模式本身存在的风险，也难以长久发展。

综上所述，笔者认为行业的未来发展，首先要依托技术；其次要依托数据，数据是基础；再次，体验很重要，互联网不能替代人，但是可以局部地提升客户体验，比如 VR 技术、直播技术，人跟人的体验在经纪行业是永远存在的；最后，效率很重要，未来的竞争将是效率的竞争，效率提升了才能降低成本。这四个方面对未来行业发展、每一个企业发展的影响是非常大的。

（作者单位：房天下）

房地产经纪的六个不变

谢　勇

摘　要：房地产经纪的六个不变包括：第一，存量崛起是不可逆的市场规律；第二，百花齐放的生态格局是不变的行业规律；第三，公司的价值不可消灭是不变的经营规律；第四，经纪人的价值不可替代是不变的底层认识；第五，消费者对服务品质的需求提升是不变的价值规律；第六，资本的介入能够帮助行业实现长期的价值。经纪人的价值不可被替代，不等于经纪人的作用一成不变。信息越来越透明，工具越来越高效，但经纪人的服务仍然会出现在撮合谈判等最关键的服务环节。

关键词：房地产经纪；不变；发展趋势；经纪人

近年来，房地产经纪行业形势错综复杂，笔者想强调的是与其关注行业的各种变化，不如着眼于不变，思考行业到底有哪些是不变的本质。笔者从六个方面来介绍。

一、存量崛起，是不可逆的市场规律

从市场规律来看，存量市场的崛起是非常确定的趋势，具体可表现为二手全国化、新房渠道化、租赁机构化和存量入口化。放眼未来，笔者认为二手房市场是最大的市场，经纪行业是最好的行业，无论是对于企业家还是广大经纪人，这都是一个又大、又好、又长的赛道，值得我们所有人去坚守和耕耘。

（一）二手全国化

二手房市场是一个正在上升的市场，从理论上来说只要私有制存在，这就是一个永续的市场。在北京、上海、深圳、广州等一线城市，二手房市场已经远远超过了新房，仅这四个城市的二手房交易额就突破了 2 万亿，相当于日本、英国、澳大利亚三个国家的交易总和，可以说一个城市抵得过一个国家。另外，在主要的二线城市，在新房交易量稳定的情况下，二手房交易也在快速攀升，天津、杭州、武汉、南京、苏州、郑州、成都、合肥等重点城市的二手房交易量超过 100 万套，交易额也达到 2 万亿。同时，我们也看到，在弱二线和强三线城市的二手房市场也处于上升状态。

预计 5～10 年内，全国二手房交易量会超过 1000 万套，交易金额超过 10 万亿，会全面超越新房，成为市场的主导力量。我们找不到任何一个行业能够比二手房市场更大，且处于全面上升的趋势。

（二）新房渠道化

近年来，新房市场和二手房市场上开发商和经纪公司的互动越来越密切，新房的渠道化为我们提供了一个非常好的机会。过去 20 年，房子总量都是供不应求的，谁离房子近谁的机会就越大，所以中国最早的、最大的房地产企业要么是开发商，要么是代理公司，或者是衍生出来的数据公司、媒体、广告类公司，都是以供给端为基础。

现在随着房子数量越来越平衡，未来非常确定的趋势是，谁离客户近谁的机会就最大，而中介天生做的就是客户的生意，离客户最近。我相信任何一个中介公司都积累了大量客户，每时每刻都在和客户打交道，这几年新房越来越多通过中介公司交易，有些公司的新房业绩占比甚至能够超过 50%，这表明中介的生意在不断扩大，未来相信会更大。

（三）租赁机构化

住房租赁市场也是一个快速上升的市场，中介离房源近、离客源近，是住房租赁市场上最有优势的参与者。中国规模最大的两家租赁运营机构都是从中介的土壤上生长出来的，从我爱我家的业务情况来看，租赁无论是收入还是利润都占有非常大的比重。

（四）存量入口化

在房地产行业的各个品类当中，笔者认为二手房最有可能成为入口。所谓入口，核心就是说如果我们把二手房做好，做到一定规模和品质，就有可能在新房交易、租赁、金融、装修以及社区服务等各个领域具备一定的影响力。

二、百花齐放的生态格局，是不变的行业规律

任何一个企业在细分领域只要能对客户、对消费者产生价值，都存在相应的价值。

（一）多平台共存

首先，笔者认为平台会存在多元化发展，行业既需要信息平台也需要交易平台，既存在全国性平台也存在区域性平台。

（二）大中小公司并存、全国化与区域化公司并存

其次，笔者希望大中小公司能够并存。大公司的优势是规模和标准化，小公司的优势是服务灵活性，中型公司具备一定的灵活性也有一定的品质。现实中一个比较突出的问题是，大公司往往有一定的人员规模，而没有在效率、系统、标准方面形成核心竞争力，这种规模公司比较脆弱，也扛不住打击。而小公司往往在社区开店，没有深耕社区的服务，这样长久下去也会失去在社区的优势。所以，需要大中小公司并存、全国化与区域化公司并存。

（三）多个加盟品牌共存

目前，行业内有多个品牌都在做加盟，笔者相信加盟品牌会是一个趋势，未来会形成一个体系，有差异化的价值会得到差异化的平台服务。

总体来说，笔者认为行业内应该是竞合关系，大家更多的应关注品质、关注效果，不断为客户提升服务品质，才能够提升自己。只有每个人都把自己的事情做好，行业才会变得更好。

三、公司的价值不可消灭，是不变的经营规律

笔者认为未来无论行业怎么变化，经纪公司都有非常大的价值。首先，行业外部是多家委托，如果房源和客源没有建立在公司的有效管理之上，肯定形成不了有效的合作与分工，也不可能提高效率。其次，如果没有经纪人的保障，行业的素质和专业度也不可能提升，更无法保证有品质的服务。再次，如果没有交易保障，根据现有的法律制度，消费者权益在很大程度上都表现为品牌经纪公司的责任，低频大额的交易一旦出现交易风险，对交易者和经纪公司来说都是难以承担的责任。所以说，公司的价值是非常巨大的。

四、经纪人的价值不可替代，是不变的底层认识

笔者认为，在未来无论技术如何进步，经纪人的数量都不会减少，经纪人的价值不可替代。

（一）信息价值的弱化

随着信息越来越透明，工具越来越高效，经纪人的作用也会发生变化，将更加集中于关键的服务环节，比如撮合谈判，也就是说经纪人的工作量会发生重新分布。

（二）成交属性的弱化

随着市场越来越倾向于买方，供求关系越来越平衡，成交的周期有可能会变长，成交需要提供越来越多的服务，而不只是一个简单的成交。未来，经纪行业会向服务转变，成交的属性会变化。优秀的经纪人未必是成交最多、成交最快的经纪人，而是服务最好、客户满意度最高的经纪人。

（三）服务价值的上升

目前，在我爱我家，也包括一些外部的同行，对经纪人的评价和晋升过多依赖于业绩，对服务的相关维度关注不够，这是我们需要改进的地方。

（四）社区角色的上升

在成熟的市场，业主不仅仅是卖方，也有可能是潜在的买方，房源和客源之间其实并没有非常严格的边界，这个时候服务的长期价值会很大，只要经纪人深耕在社区把每一个业主服务好，获取房源和客源的成本都会大大降低。

五、消费者对服务品质的需求提升，是不变的价值规律

现在消费者对品质的追求越来越高，对提供品质服务的公司越来越认可。笔者认为有几个方面还需要不断加强。

（一）更加全面、及时、有效的信息

消费者需要全面、真实的信息，让决策变得更透明、更理性。更全面不仅仅是指房源的相关信息，也包括房源相关的社区信息、周边信息，甚至和工作相关的交通信息；更真实不仅仅是房源本身的真实性，包括跟交易相关的一切真实性，都还有很大的提升空间。

（二）更低的交易费用、更便利的交易体验

消费者需要更高的效率、更便捷的交易流程。核心不是佣金的高低，而是与交易相关的所有费用的预测是不是准确，比如信息搜索的成本能否降低，寻找经纪人的成本能否降低，交易中的各种确定性能否提高等。总之，从交互到交易相关的服务体验还需要有很大的提升。

（三）更安全的交易后服务保障

关于交易后的服务，笔者认为真正的体验一定是在交易本身之外的。比如交易完成付完佣金之后，我们能不能保证服务体验延续到整个中介的业务市场；再比如

过户完成客户入住之后，我们能否提供一些相应的后端服务，这是提升体验度的一个关键。

六、资本是驱动行业进化与裂变的积极因素，这是不变的商业规律

（一）行业需要长期的资本

目前，经纪行业缺乏资本进入，但是我们需要用一个长期的视角来看待，从本质上来说中介的生命是长期的生命，经纪人的成长需要时间，服务体验的改善需要时间，合作生态的建立也需要时间，资本的价值介入是为了帮助我们实现长期的价值。因为经纪市场是马鞍形的波动，有周期性，各种政策调控都随时可能出现，所以长期的资本可以帮助这个行业渡过低谷期，更重要的是要让愿意为这个行业坚守服务品质、坚持职业操守的经纪人有更长的专业成长周期。

（二）预防资本的短期视角

这两年资本市场比较浮躁，非常容易导致资本的短期视角。这一年多来，资本对经纪行业的进入过度注重短期的扩张，甚至是不计回报、不计成本的，有颠覆这个行业的想法，最后实际上带给这个行业的并不是正向进步，而是导致了一时的混乱和制度的失序，结果就是消费者体验没有得到改进，经纪人的效率也没有得到提升，行业也没有明显进步，资本被无效地消费掉。比如长租公寓一些运营商的倒台。

（三）避免资本对行业的短期冲击

笔者希望资本的进入可以尽量减少对行业的短期冲击，因为本质上资本是一个要素，资本进入可以改变行业的成本结构。笔者非常期待资本的进入可以通过技术和系统的力量来提升这个行业的整体技术含量，从而提高行业效率，而不是仅仅表现为简单的用于规模扩张，否则对行业一定会产生负面的冲击。

（四）驱动行业的优胜劣汰与正向竞争

最后，期望资本能够促进行业的正向性，更好地服务优质的企业，服务消费者，从而实现行业的良性竞争，推动行业进步。

（作者单位：我爱我家集团）

未来十年

——“四度空间”颠覆产业经营模式

李同荣

摘　要： 未来产业经营模式将在高度、广度、深度与速度四方面彻底颠覆传统。房地产经纪行业将从直营体系向加盟体系转变，最终发展为以独立经纪人为主。信任与文化将成为制约未来产业发展的主要因素。建立企业信任文化、建立经纪人信任机制、健全法制基础、提高准入门槛是解决问题的关键。

关键词： 房产经营；房地产经纪行业；四度空间；独立经纪人；信任

一、“四度空间”——高度、广度、深度与速度

首先，什么是四度空间？即高度、广度、深度与速度。第一，高度就是产业商业模式的变化。从过去的直营独大到现在的加盟和直营并行，再到未来加盟会超越直营。从总部平台到门店平台走到未来经纪的平台。第二，广度就是市场扩充版图。行业从实体加盟进入在线加盟，所谓的在线加盟就是类似贝壳模式，以大品牌为主，通过虚拟品牌整合起来，逐渐演变成去总部化的状态，总部不会被消灭但会被弱化，与此对接的就是门店。未来还会发展为去店东化平台，也就是由走在前线的经纪人直接对接，可能需要 5 到 10 年时间。第三，深度即深化商圈精耕，所谓商圈精耕就是指大、中、小品牌都有生存空间。在过去的资本化时代直营独大，小品牌如果没有依附在大品牌之下很难生存，尤其是资讯化、科技化以后，但是现在不会了，随着大家开始走向社区精耕，整个市场会从假房源过渡到真房源，逐步进入一个信任的时代，深度的商圈精耕得到重视。流量为王也将会成为过去，从大流量到社群流量再到个人流量，最后变成对品牌、对门店。第四，速度是指新 O2O 整合平台。平台要做到组织行动化、销售自动化，加快交易流通的速度，甚至可以整合成 MLS 平台（见图 1）。

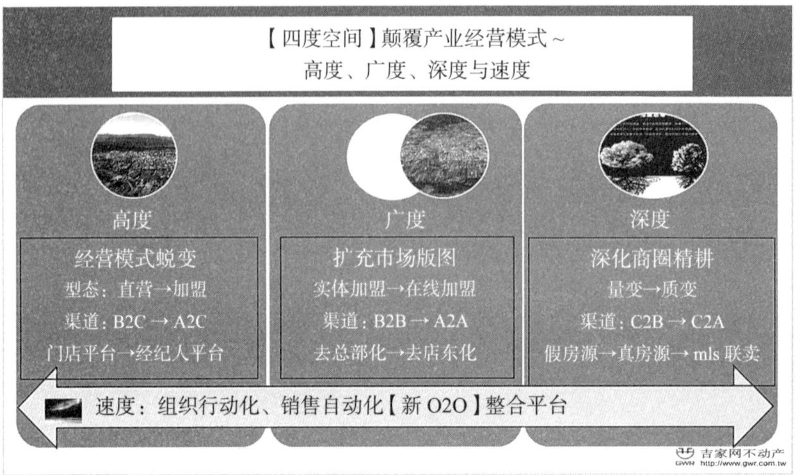

图1　四度空间产业经营模式

另外还要提到第五个空间，就是信任和文化。文化其实就是一群人通过知识的互动把中心思想贯彻为契约的理念，使大家表现出共同的行为，这部分未来会受到很大的重视。

二、预测产业的转型与蜕变——“随经济　微中介”时代

（一）“随经济　微中介”时代

过去，实体都在做加法，机械式地吸收经纪人；平台都在做乘法，利用流量吸引顾客上门，不管是假房源真房源，只要顾客能够上门经纪人就有生意做。未来，实体应该做减法，即轻资产。加盟就是轻资产的概念，把直营的固定资本降下来，使每个想创业的人都可以圆一个梦。随着加盟逐渐变成风潮，将成为门店经纪人创业的时代，也就是店东的时代。未来平台应该做除法，平台可以有很多赋能，包括房源、经纪人交易的赋能，不用花费太多成本，经纪人只要把专业做好，未来甚至一个手机 APP 就可以搞定一切，在线上实现和消费者的沟通、经纪人和经纪人之间的沟通、经纪人和门店之间的沟通。这些都是轻资产、微中介的概念，可能需要发展 5～10 年。

（二）预测产业未来发展趋势

笔者预测，未来是一个经纪人自主性管理的时代，随着店东时代的到来，加盟一直追赶直营的时候，产业又进入到另一个混乱的局面。由于没有直营体系直接管控，大家各自为政，社会上消费者的纠纷很多，当发展到一定程度的时候，平台又会走到和经纪人直接对接的时代，这个时候店东会觉得创业很困难，自己当经纪人很快乐，所以去店东化以后就是由经纪人直接做一个大平台，但是店东还是存在的，只是去店

东化的概念越来越明显。

如图 2 所示，预计到 2020 年左右，直营体系开始走下坡，加盟体系呈上升趋势，黄金交叉时间预测会在 2023 年，此后加盟将会大于直营。究其原因有很多：随着行业进入买方市场以后，直营体系会有很多成本，一、二线城市缺乏管控，品牌的忠诚度不高，直营体系要想发展为全国性品牌非常不容易，系统的发展也很困难。预计到 2025 年以后，会出现经纪人创业平台的概念，平台为经纪人提供创业的机会，类似独立经纪人的概念，大平台、大品牌可拥有 1000 个经纪人、1 万个经纪人，甚至更多经纪人。

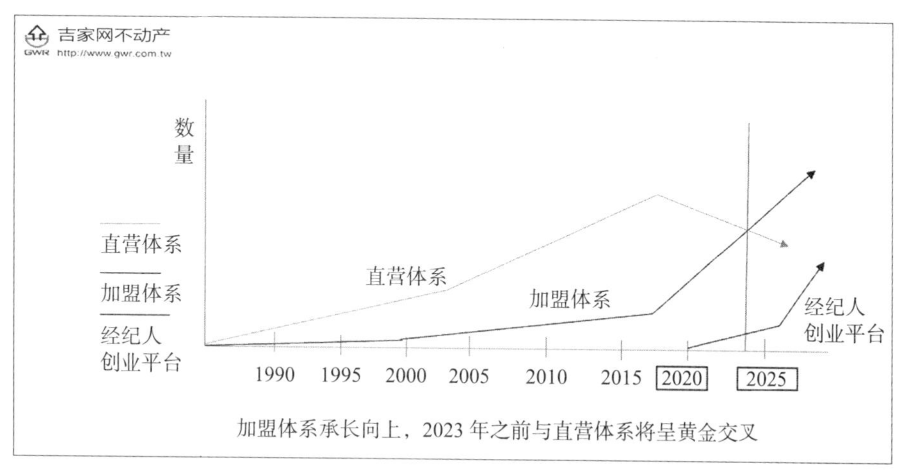

图 2　中国房地产经纪行业未来发展

（三）加盟体系快速发展中所面临的限制因素

笔者认为，加盟体系发展到现在有几个痛点：首先是品牌机构与门店扩张方面。随着消费者对品牌的认同度越来越高，创业者对品牌的认同度也越来越高，会有越来越多的品牌出现，这时消费者的选择性在增加，店东要依附哪一个品牌的选择性也在增加。第二是店东和店长的角色扮演。店东和店长的角色在未来将会发生很多改变，比如出现合伙人制度，也会出现所谓的结盟不一定加盟，成为一个虚拟总部的概念，这个在台湾过去有实行，但是几乎没有成功的案例。第三是制度与管理层面，经纪人自主性超越管理界线，产业会发生紊乱。第四是企业文化方面，加盟体系发展到后期同质性太高，品牌之间没有差异化，企业识别越来越模糊化。第五是人力资源方面，要创业就会伴随着竞争，企业的恶性挖角越趋严重，人力资源经常处于不稳定状态。第六是系统应用与顾客资源，顾客管理系统导入不易，平均人效会比直营体系降低很多。第七是教育培训问题，总部无法满足区域差异化培训需求，店东不愿投入资源长期培训人才。

（四）“随经济　微中介”时代的商业模式

第一是顾客行为，实现 C2B（消费者对企业）和 C2A（消费者对经纪人）逆向需求。第二是销售通路，包括 APP、社群推播、B2B、A2A 等。第三是顾客体验，实现零空间差，服务零时间差，及时地回应客户的来电或者问题。第四是实时服务平台，即“微中介 +U-ber Agent”平台，通过 SFA（Sales Force Autamation）APP 实现销售自动化，可随搜寻、随带看、随交易、随服务。第五是经纪人的个人品牌开始崛起。第六是经纪门店实体极小化，人数规模极大化。未来 3～5 年，尤其在一线城市随着门店租金越来越高，门店会越来越小，但是人数会越来越多。一个运营中心的门店可能有 10 个到 20 个，但是有一两百人在经营。第七是经纪行业的品牌机构将卸下包袱、驾上平台、展翅飞翔。第八是破坏性创新 O2O 平台——在线 O2O 加盟平台（经纪人平台）的崛起，未来 5～10 年有机会实现。

（五）实体加盟→去总部化加盟→去店东化加盟

从人、货、场的角度来看（如表 1），过去是实体加盟平台，人是以消费者为主，货是由经纪品牌门店提供货源，场是指加盟品牌总部。实体的加盟总部在背后，加盟的机制也在背后，走在前端面对的是门店。现在是去总部化加盟平台，人还是消费者为主，货还是由经纪品牌门店提供，但是场出现了所谓的在线跨品牌门店流通平台，平台无论是跨品牌还是公共品牌都有立地生根的机会，只要是为了协助经纪人、协助产业，平台其实只是一个大品牌的虚拟总部而已。未来将是去店东化、去总部化平台，货是由在线经纪人提供货源，场是在线整合经纪人公共平台，走到最前端对接的是经纪人，门店没在总部还在。这个概念也许大家现在还不能接受，回想 20 年前讲 O2O 的概念也没人会相信，讲加盟品牌会超越直营品牌大家也不大相信，所以时代变化是很快的，这时候角色定位很重要，精准就赢模糊就输，精准和模糊是未来平台经营上一个很重要的概念。

实体加盟→去总部化加盟→去店东化加盟　　**表 1**

	过去：实体加盟平台	现在：去总部化加盟平台	未来：去店东化加盟平台（人数极大化，门店极小化）
人	消费者	消费者	消费者
货	加盟品牌门店	加盟品牌门店	在线经纪人
场	加盟品牌总部 加盟品牌实体流通平台	在线整合加盟公共平台 在线跨品牌门店流通平台	在线整合经纪人公共平台 在线跨品牌经纪人流通平台

三、“四度空间”颠覆产业经营模式

未来十年产业生态将发生大变革，从四度空间来分析：首先，从高度来讲，即经营模式的蜕变。过去的机械式管理要被改变，未来创业风潮不断崛起，门店经纪人决定成败，将是经纪人自主性的时代。其次，从广度上来讲，即扩充市场版图。过去的资本市场开始退潮，未来要重视 NPS，重视轻资产、微中介的概念，实现门店极小化，组织最大化。第三，从深度来讲，即深化商圈精耕。过去面临的假房源时代一定会消失，先做真房源的企业品牌提升度会更高，企业将以顾客黏着度建构核心优势，以优质文化建立企业识别。第四，从速度上，过去的平台流量已非绝对优势，个人有个人的社群营销能力，需要做社区精耕。未来平台的功能会很简单化，直接赋能给经纪人，最终实现品牌虚拟化、组织行动化、销售自动化、效能极大化（见图 3）。

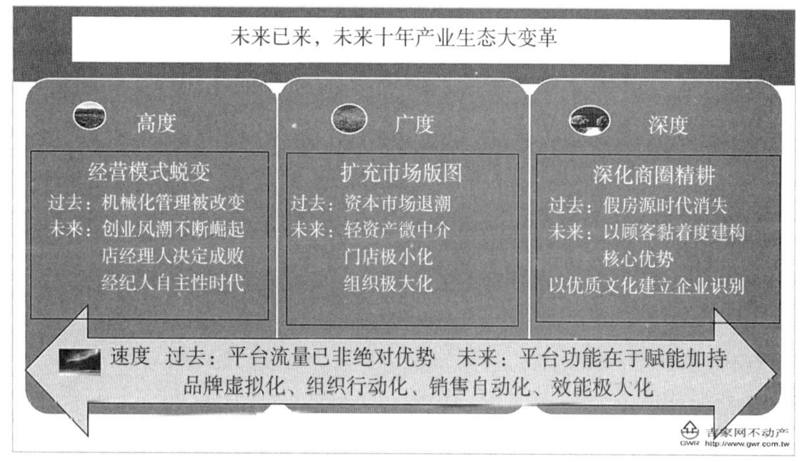

图 3 未来十年产业生态大变革

四、产业核心问题 TOC（Thoery of Constrains）——信任、文化

当 C2A 时代即消费者对经纪人的时代来临，我们会发现产业所面临的重要瓶颈就是缺乏第五度空间——信任和文化。只有消费者得到信任，产业才有希望。企业要有文化有中心思想，领导人再把中心思想灌输给产业，这是未来最大的核心，谁能贯穿信任和文化谁就是赢家。

笔者曾基于制约因素法则为企业做过核心问题诊断，诊断结果企业只有一个主核心问题就是信任和文化，行业的恶性竞争都是人和人之间的信任问题，信任和文化有关，企业文化需要深耕。五个次核心问题分别是法制问题（准入门槛的建立）、经纪人职业化问题、企业文化问题、来自消费者不信任问题，以及市场竞争问题（见图 4）。

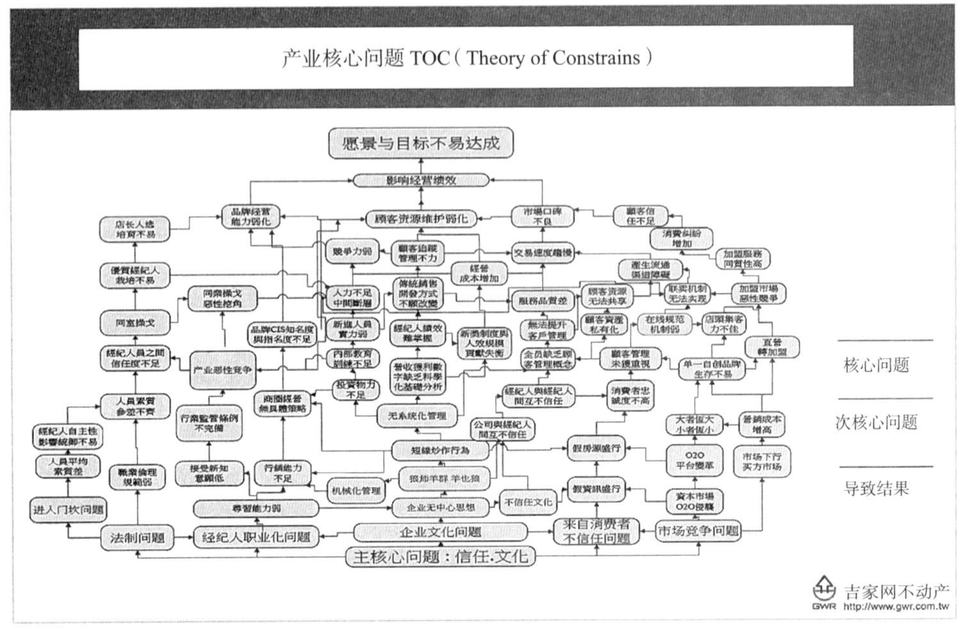

图4　产业核心问题诊断

从四度空间来分析，从高度上，在经营模式蜕变时代，因为信任和文化，品牌机构才能够永续经营。从广度上，在扩充市场版图时代，因为信任和文化才能建立良好口碑，大幅提升顾客知名度。从深度上，在深化商圈精耕时代，也因为有信任和文化，小品牌才有致胜商机，小虾米也能战胜大鲸鱼。从速度上，在新 O2O 平台整合时代，因为有信任和文化，才会有真房源、高赋能、高信赖度，才有建构 MLS 联卖机制的机会。总的来说，未来在经纪人自主化时代，因为有信任和文化，所以人人有希望，小兵也能立大功，微创业也能高致富。

五、扶植产业的四大解决方案

通过一幅示意图展示产业的发展曲线，第一条曲线为 1990～2018 年，直营机构扩张，资本市场介入，去实体化平台介入。第二条曲线为 2016～2025 年，为实体加盟机构崛起，在线加盟去总部化平台。第三条曲线为 2021～2035 年，为实体经纪人自主化，在线经纪人去店东化时代。现在产业渐由第二曲线转进第三曲线（见图 5）。

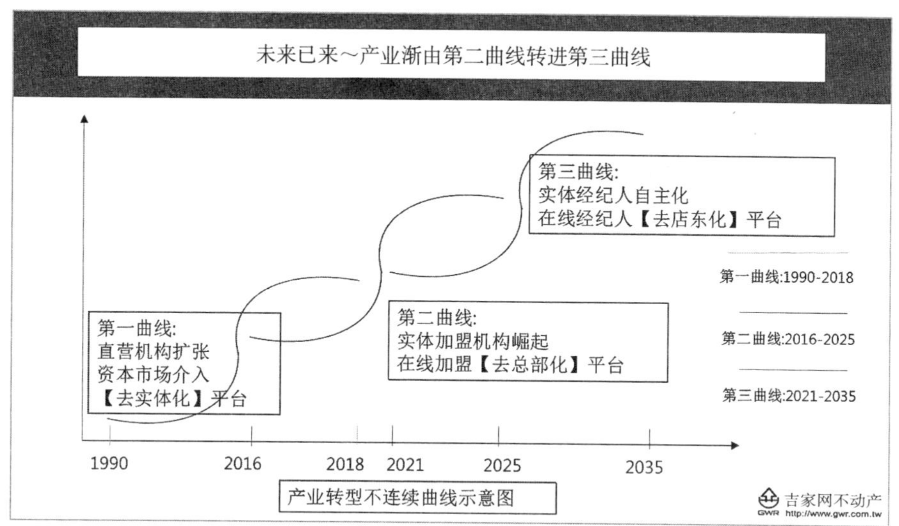

图 5　产业转型不连续曲线

通过上述分析，笔者提出产业核心问题的四大解决方案：第一，建立信任的企业文化，重视知识管理，重整产业新秩序。第二，建立经纪人信任机制，重视人文教育训练，提升经纪人职业化与专业化水平。第三，健全法制规范基础，规范信息透明化，建立公开公平公正的交易市场。第四，提高行业准入门槛，建立经纪人与营业员证照认证制度。

（作者单位：吉家网股份有限公司）

后疫情时代下的特许加盟线上化

卢 航

摘　要：未来8年通过房地产经纪机构成交的比例维持在80%以上，新房业务占比将越来越低，但跟二手房门店关系越来越紧密。21世纪中国不动产应对疫情冲击的经验：通过组织线上化、业务运营线上化、用户运营线上化、培训线上化、会议线上化5方面实现特许加盟线上化。21世纪中国不动产未来发展方向：一是将二手房业务作为主营业务；二是发展重数字化、重加盟发展模式；三是为店东做直营、创业和发展提供便利。

关键词：疫情；21世纪不动产；加盟；房地产经纪；数字化

一、房地产经纪行业发展趋势

对于房地产经纪行业发展趋势，笔者认为，未来也许会有50%的房地产交易不通过经纪公司成交，但起码在8年之内，应该还是会有80%以上的交易是通过经纪公司和经纪人成交的。另外，从一二手联动的角度来看，未来新房业务在行业内占比会越来越低，但是房地产交易与二手房门店的关系将越来越紧密，一二手房联动依然会有，只不过相对于二手房交易来说，新房交易规模会有所下降。

二、疫情冲击与线上化红利

（一）疫情期间，21品牌在行动

21世纪不动产在武汉有两百多家店，疫情期间为了保证经纪人的安全，我们设计了一个小程序，所有的员工每天都上报自己的位置、体温等信息，全国范围内去搜集统计。因为本身的资源有限，我们就把全国各区域的人员都拉进一个大群，哪里需要什么，哪里有什么，形成了一个大的物资调配平台。事实证明群众力量确实大，整个物资得到了保障。另外，为了将口罩送到武汉去支援，我们也花费了很多精力，早期疫情暴发的时候，全球21世纪不动产看到国内情况这么严重，墨西哥、美国同事等纷纷给我们寄来口罩，后来情况急剧反转，我们又去给他们提供帮助（见图1）。

图1　全球CENTURY21在一起

（二）连锁加盟品牌的线上化红利

目前，行业中特许加盟线上化发生了翻天覆地的变化，那么疫情冲击与线上化红利之间有什么关系呢？疫情期间，各行各业都受到严重冲击，经纪行业也不例外，很多活动都是基于线上开展。因此，积极发展线上化能够有效应对疫情并获得线上化红利。对于连锁加盟品牌来说，线上化红利包括以下几个方面：

1. 组织线上化和业务运营线上化

疫情期间，21世纪不动产采取线上交易方式有效应对了疫情冲击。受疫情影响，公司加盟门店虽然减少三四百家店，但是增量更多，整体上反而增加到9274家，2020年成交量比去年同期翻了一倍多，业绩也不降反涨，全国21世纪不动产的人均业绩超过一万。通过线上线下整合运营，给产能带来了非常大的变化（见图2、图3）。

2. 用户运营线上化

连锁加盟品牌的用户是谁？就是店东和经纪人。21世纪不动产在全国各地有成千上万的门店和经纪人，但每个城市点的运营模式千差万别，如果没有统一的线上化平台，公司内部就没有线上化的系统支撑。因此，只有搭建统一的线上化平台，才能保证加盟商的品质管控。

3. 培训线上化和会议线上化

疫情期间，经纪人无法上班，21世纪不动产就发动所有的经纪人去上线上课。我们与钉钉联合开发了钉钉云课堂，上线426个视频课程。同时，自2020年2月开

图 2　加盟店签约规模及增长

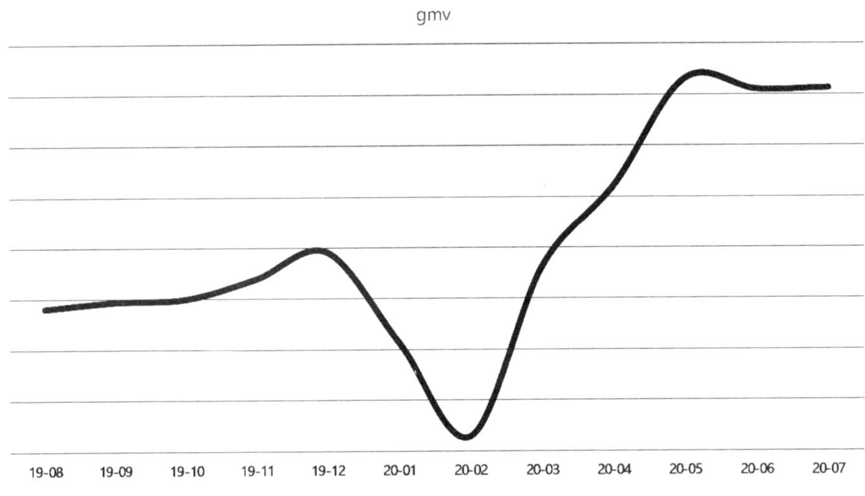

图 3　2020 年 21 世纪不动产全国 GMV 增长趋势

展了 C21 大学，核心课程要点包括 SOI、招募、保留、财务管理、导师等，截止目前累计覆盖 140 个城市，PC 端累计访问量 465 万。另外，我们还开展了线下直播会议。包括百日奋战主题直播、首届线上创业家大会、21MOVE 直播间 & 房天下直播等，给大家树立信心，告诉大家要更多地去专注于业绩，并宣传要成为每个城市最早复工的中介品牌。

在疫情最严重的时候，21 世纪不动产还发动了为期两个月的全国性招募经纪人活动。这个行业需要高品质的经纪人，根据招募 / 离职旺季不同人群挖掘痛点，结合 21 明星人物进行佐证，制作招募系列海报，迎合时下招募旺季，帮助区域吸引更多人才，最终招募了将近八千人。

三、数字化特许 3.0 时代

在整个连锁经纪行业，21 世纪不动产在全球第一个发布数字化特许 3.0 战略。过去加盟企业传统的一条线运营模式（品牌→区域分部→店东→经纪人），第一速度慢，第二肠梗阻，第三层层弱化。这导致不仅品质没有控制住，效率也不高，管理很松散。数字化 3.0 的基本概念是什么？品牌方可以直接看到并且管理经纪人每天的工作量，中间越过了区域和店东直接管理到经纪人。因为中间各方的利益分配通过合同早就定好了，对于经纪人的业绩也有衡量的指标可以去约束。反之，经纪人联系总部也很方便，都是一条线距离，没有中间环节。包括对消费者的接触也是近距离，所以要提升服务品质和客户体验。目前，21 世纪不动产的客户响应率为 77%，目标是达到 90%。所以，今天管理抓手变化非常大，在这个 3.0 时代，对服务品质的认知发生了很大的变化（见图 4）。

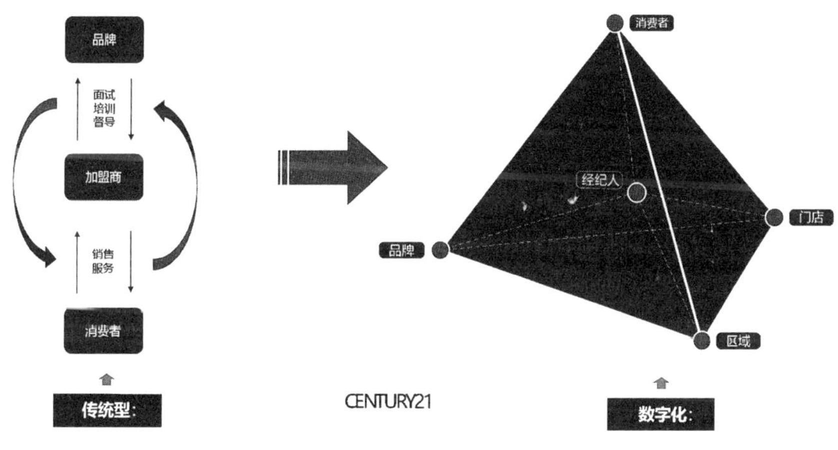

图 4　数字化特许 3.0

四、后疫情时代行业发展趋势的判断

（一）疫情后的新常态

对疫情之后的判断，笔者认为有三个新常态，第一，疫情管制是常态。第二，运营线上化是常态。第三，运营能力竞优是常态。所以说经纪行业的规模红利时期已经结束了，行业不再是拉规模的时候了，应该专注把品质提上来，把产能拉上来，把客户体验提上来。如果运营得不好，规模越大，坏的名声反而越多。

（二）未来行业发展趋势

第一，坚定看好二手房市场，坚信二手房交易会变成行业主流，因此 21 世纪不动产要专注主业。第二，坚定走数字化和重加盟模式。这不是说只靠线上，不靠线下，而是说在线上化数据支撑和指导的前提下去做数字化的重加盟模式。第三，坚定专注做创业家的家人和朋友。加盟和直营模式之间，从来就不是一个对立模式。因为出现了大型连锁加盟品牌，所以普通人做直营更方便、创业更容易、发展更容易，这就是加盟品牌本身的一个价值。

21 世纪不动产不会做小而全，宁可做大而专，往更专业的方向发展，包括加盟店、合伙店、联营店，以及投资自己的门店，这是我们下一步要做的地方。而且尽量要把专业的事交给专业的公司，这样能够避免出现大的风险，也希望社会上能够不断出现一些专业化的分工。笔者认为灰色地带的生意是不长久的，会带来非常大的麻烦。

行业好的时代刚刚开始，在新环境下，行业未来一定会走向多元化，会有各种不同的模式，企业也有各自的创新能力与发展空间，相信将来还会看到更多好的发展模式。

（作者单位：21 世纪中国不动产）

房地产经纪行业进入服务者时代

缪寿建

摘　要：随着房地产市场不断发展，客户购房面临更多选择，买房和卖房变得更加困难，对房地产经纪服务的要求将不断提高。未来房地产经纪行业将回归服务本质，房地产经纪人与客户之间将建立长期关系。线上化发展对房地产经纪人和组织赋能具有重要价值，线上线下深度融合是行业未来发展方向。

关键词：房地产经纪行业；新阶段；卖房难；买房难；经纪服务

房地产经纪行业正在面临新开局。本文旨在分享一下笔者关于行业未来的思考，未来的可能性以及背后的逻辑。

一、房地产经纪行业发展历程

笔者有幸参与了房产经纪行业的变化过程。2005 年之前，房产经纪市场刚刚兴起，行业处于早期蛮荒时代，那时候行业需求得到巨大膨化，需求涌现但供给不多。二手房市场尤其不透明，赚差价、黑中介等行业乱象在那时留下了痕迹。2005 年之后，行业进入交易时代，以交易为中心，供需两端同时发展，但总体来说供大于需。二手房需求在那时被逐渐激发，房地产经纪行业也随之迅速扩张。在这个阶段，各家企业都在追求规模效应，围绕着离交易最近的社区做高密度布局，因为对企业来说，谁掌握了房源，谁就离交易越近。

二、房地产经纪市场进入新阶段

（一）买房和卖房都变得更难

笔者认为，行业发展浪潮的背后实际上是消费者需求的变化。以北京为例，2017 年之后，“房住不炒”理念的贯彻让北京房地产经纪市场进入一个新阶段。现在住房供给较多，理论上买房不难，但经纪人却感觉到房地产交易在变难，原因有几个方面：首先，客户买房面临更多选择，比如，在北京花几百万买套房子寻找自己的家园，这是非常艰难的事情。其次，客户买房决策变得更重要，因为犯错成本太高了。再次，二手房交易更加复杂，当前更多是置换类客户，消费者需要卖掉原有房产，再购买新的房屋，这就要求消费者不仅要借助金融产品，还涉及购买资格问题等。因此，买房变成非常难的事情。此外，卖房则变得更为困难。对业主来说，房屋定价本身就是非常艰难的事情。对经纪人来说，还要将房子很好地展示，突出卖点，并且触达消费者，这非常困难。因此，当前这个时代已经发生很大的变化，经纪人交易房屋变得越来越难。

（二）房地产经纪市场变得更大

消费者买卖房屋变得更为困难，但房地产经纪行业的市场却变得非常大，因为客户愿意付更高的佣金以买到最合适的住房。此外，很多业主对住房资产的置换和优化需求越来越旺盛，所以说市场需求是无限的。

（三）对房地产经纪服务的要求更高

一边是艰难的交易，另一边是巨大的市场。客户对房产经纪服务的要求变得越来越高，未来好的服务者与好的房产经纪公司会有更好的发展机会。因此，从某种角度来说，当下真的是一个旧时代的结束，新时代的开启。中国房地产经纪行业在这个时代发展是比较幸运的，未来真正好的服务和好的经纪人的价值会更加彰显，行业进入积累者的时代和服务者的时代。

三、未来的房地产经纪服务

（一）好的经纪人

未来的经纪服务一定是以交易为中心，以顾客需求为中心。经纪人的角色不仅不会被弱化还会被强化，因为经纪人与客户之间距离最近、信任最深。客户在置换房屋的时候面临这么多选择，需要一个经纪人去连接，所以经纪人的价值会更加凸显。未来经纪人与客户之间需要建立深度的、长期的关系，行业需要真正懂顾客、有耐心的经纪人。未来可能不是人找房，而是房找人。

（二）高度协同的组织

效率来自于哪里？来自于强大的组织协同。强大的组织是产生好的经纪人和快速协同的重要保障。未来，任何一套房子都有大量的客户快速的响应，任何一个客户都有最适合的房源快速的供给，而且能够很精准的供给，这是整个行业发展的方向。组织的效率大于很多效力，因为一个相互信任的团队是滋养经纪人成长的土壤，团队成员有共同的文化和追求，所以在某个区域里紧密的组织非常具有竞争力。

（三）线上化发展

未来，线上化对企业有非常大的作用。线上化对经纪人或者组织赋能有非常深层的价值，线上化可以为消费者带来价值诉求的精准输送。此外，线上化可以强化组织内部协同。通过线上线下深度融合，给消费者提供各种各样的连接赋能，这也是未来的一个方向。未来可期，新的服务时代的大幕正在慢慢拉开，未来会充满无限可能。

（作者单位：麦田房产）

开放共赢

——中国房地产经纪行业未来

叶　兵

摘　要：未来中国房地产经纪行业一定是开放共赢的。开放的房地产经纪行业平台应具备3个基本要素：一是全行业的数据标准；二是产业链上下游连通；三是行业基础设施完善。预测房地产经纪行业未来趋势：一是数据标准化，管理IT化，服务数据化；二是行业分工越来越明晰；三是技术是行业提效的基石；四是企业主的自我管理、自我提升是推动整个行业持续发展的根本保证。

关键词：房地产经纪行业；开放共赢；平台；未来趋势

当今市场环境下怎么看中国房地产经纪行业未来，笔者认为开放共赢一定代表着市场经济规律和趋势。目前，各行各业都在开放，都在做基础设施建设。以一些跨界企业为例，阿里、腾讯、美团等都在走向开放，通过AI人工智能技术和数字基础建设的投入等来服务整个行业，京东开放平台也在对接几万家金融机构，使行业上下游全部数据化、标准化，之后服务于整个行业。物流平台以阿里菜鸟为例，几年前菜鸟开始开放平台，目前已经构建全行业标准化链条，使得全行业服务者上下游得以贯通，行业效率得以提升。

一、开放：助力行业提效

和菜鸟等物流企业开放之路有相似之处，中国的房地产经纪行业有机会通过开放助力行业提效。开放平台的基本驱动要素包括三个方面：数据标准、产业链和技术。第一，必须要构建一个全行业的数据标准，包括人的标准、房的标准、服务标准。第二，要构建连通上下游的产业链，确保基础设施建设能够有效服务整个产业链。第三，要正确认识行业内基础设施建设、基础数据、技术水平，对相关产业链建设情况有正确认知，以及技术对经纪服务效率的提升的巨大推动作用，在此基础上推动行业合作共赢。

二、"预见"房地产经纪行业四大趋势

对于房地产经纪行业发展趋势，笔者认为包括以下四个方面。

(一)趋势一：管理IT化，服务数据化，数据标准化

毫无疑问今天90%以上甚至100%的经纪门店都开始管理IT化。基本上很少看到经纪公司不用到数据业务管理系统，但是我们依然发现，从人员管理、房源管理、客源管理到最后成交，再到后续物业、家装服务，很多环节的数据是割裂的、没有连通的。比如，线上数据和线下数据是割裂的，房源数据、客源数据是割裂的，互联网推广平台与线下经纪公司客源管理的数据标准化没有打通。房源数据也是如此，不同企业也是如此，A经纪公司跟B经纪公司的数据标准是不连贯不统一的。数据联通，业务协作，资源共享变得非常困难，我们必须认识到这些现象极大地影响了企业作业水平和协同效率，对行业未来发展必然客观上造成了长期障碍。因此，必须像当年全国推行普通话一样推行建立国家级别的、行业级别的公信数据标准(见图1)。

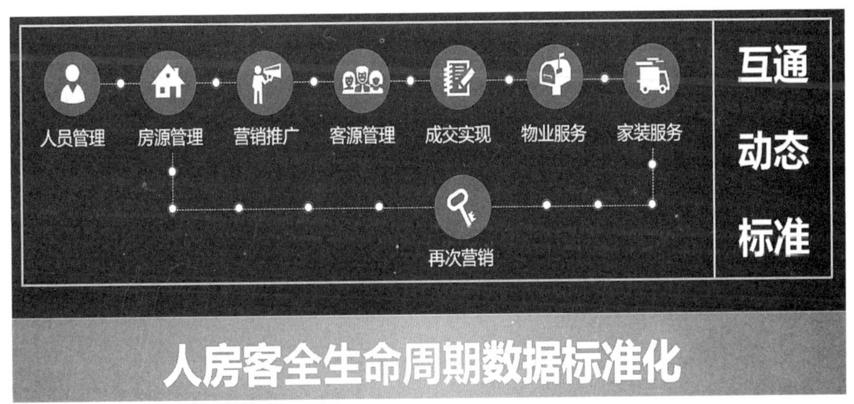

图1　人房客全生命周期数据标准化

因此，对行业未来的长期判断，一定是依托统一的数据标准建立整个行业级别的、具有公信特征的中国的MLS，这个基础设施不是依托某一家经纪公司的管理系统，而是依托于政府和行业协会或企业平等公信组织，基于整个行业共同执行的规则，依靠法律、依靠行业基础设施、依靠数据标准化来提升整个行业效率，这是核心。目前，58安居客作为行业开放力量的一部分，也在大力推进产业数据开放和互联，为未来协助推进行业级别的基础设施建设贡献力量，包括和好房通、巧房等市场绝大多数SaaS，并连接下游的经纪公司门店，共建了客源数据和房源数据的标准，实现了数据互通互联。同时，已经有400多家经纪品牌在人房客全生命周期管理上共建数据标准，但是我们做得还不够。

未来 8 年，如果能解决数据标准化问题，打通整个人房客全生命周期数据化管理的上下游，并基于数据标准，建立行业公信合作规则，让数据和资源能够在企业间无缝流动，就能极大地提高二手房交易效率和企业作业效率，小公司也能非常好地生存下去。

（二）趋势二：分工专业化

行业开放互联，分工专业化、明细化，未来一定会涌现出更多各司其职的专业机构。今天讲的 SaaS 其实就是非常典型的行业中分工专业化的机构。专业化的服务力量能够解放生产力，减少无谓低效的资源投入，这对于大多数企业尤其是中小企业来说都是非常关键的，比如 58 安居客，长期在聚焦互联网产品提升产业效能，最近着力搭建“N+ 全开放服务平台”，推动流量共生（公域和私域流量）、潜在买家识别、VR 全景等技术的开放，以及提供智能软硬件基建和体系化服务等产品。这些互联网产品的推出对于提升企业数字化管理效率，利用分工协作和各自能力的提升以及企业的管理水平都具有很大的帮助。此外，楼盘基础数据也应开放互联。目前，各个公司都在各自建立自己的楼盘字典，这其实是一个重复成本的过程，耗费的都是企业宝贵的资源投入。未来，58 希望和所有在这个行业中有志于开放这项服务的企业家，共同来推进全行业的开放互联，不是靠资本，而是靠效率让这个行业变得更加美好。

（三）趋势三：技术是提效的基石，不断挖掘新可能，渗透行业每个角落

房产经纪核心是人对人的服务，服务始终是根本，但这并不排除技术的推动带来产业效率的提升，两者并不矛盾，下面几个例子说明技术始终对于产业效率提升的重要性。

第一，线上看房。疫情期间很多经纪人不能进入小区，这种情况下线上看房变得非常重要。因此，得益于 VR 看房快速推广，让用户体验以及连接的效益大幅提升，今天，整个行业和两年前相比，对于 VR 全景技术的应用已经有了长足的进步，利用 58 提供的免费技术，每年有几百万套房源通过经纪人自己拍摄提升了用户买房决策效率，VR 应用已经越来越成为房源展示的标配。据统计，VR 房源买家留电率水平也比之前翻了四倍，这对于经纪公司来说，技术的应用带来了作业效率大幅提高，这是显而易见的。

第二，人工智能。现在行业都在讲实时响应率，今天即使经纪人不能及时回应客户，机器人也可以做到，58 正在这方面加大投入力度，通过人工智能、智能 AI 客服提升连接效率，并服务于整个行业。

第三，智能化技术也可以在装修领域有很好的应用。经纪行业的房屋买卖服务链条可以延伸到装修设计、家装甚至家具采购，用户数据的标准化在业务场景延伸上有附加价值，不仅提升了经纪公司利润，而且让整个行业变得更好，用户体验也会更好。所以说技术是提效基石，有不断的挖掘潜能。

（四）趋势四：企业自我管理意识在提升，企业主是行业效率与管理效率提升的最大变量因子

近年来，企业的主权意识在提升。越来越多的经纪公司创业者开始意识到，企业做大做强要靠自己，企业主本身是整个行业效率提升与管理效率提升最大的变量因子和驱动力。老板们越来越意识到靠外部力量是辅助，企业能否做大做强核心是企业自己特别是企业主老板这些创业者，在竞争环境下，对企业主权包括系统、数据、业务规则、运营管理等核心要素有越来越高的自我管理意识。前面提到的数据的标准化、分工专业化、技术运用等，都是让整个行业的基建更加有效，但是企业主创业家们的自我管理、自我提升是推动整个行业持续发展非常重要的根本保证。

三、我们的思考

首先，对 58 安居客这样一个开放平台来说，管理理念连接一切，是服务而非管控。对整个行业来说，效率一定是建立在社会化公信平台的基础上的。美国的 MLS 如此，笔者相信中国经纪行业大概率也逃不出这个规律，因为企业共同参与的社会化公信平台管理成本最优，效率最佳。其次，58 会聚焦做好自己。通过推进行业数据标准化和基础建设，做好产品，服务好经纪公司，支持企业做大做强发展起来，这是行业效率提升的关键。再次，管理而非资本是效率的核心。短期内一些行业资本进入会让整个行业的生产关系有些扭曲，但是长期来说市场一定会回归本位。效率能不能提升，管理本身的价值点到底在哪里，是考验一家企业能走多远的关键。最后，还是要坚定行业公信力量，全力以赴。聚焦服务，在技术开放的同时更深度发展线下，长期投入资源，支持经纪公司做好运营管理、提升数字化管理效率，未来在经纪公司门店房客源业务管理方面加大产品和服务的投入力度。

最后，寄语行业未来，虽然目前行业发展还面临很多问题，但笔者相信，未来整个行业一定会更加开放多元，更加美好，开放一定能够共赢。

（作者单位：58 集团）

5G 时代催生中介的哑铃型市场格局

王　波

摘　要：4G 时代转换到 5G 时代会给市场带来很多变化，如客户年轻化、客户需求变化、信息更透明、决策更困难。5G 时代给小企业提供了很多赚钱机会，许多小型房地产经纪机构或从业人员通过网上直播，促成交易，获得收益。消费者对于房地产相关专业知识比较欠缺，个人 IP 会发挥越来越大的作用。未来房地产经纪行业是哑铃式结构，大公司会走得很远，小公司也会活得很好。

关键词：5G 时代；房地产经纪行业；个人 IP ；行业分化；哑铃型

当下，正从 4G 时代转到 5G 时代，这会带来很大的市场变局。比如客户的年龄下沉，从 70 后、80 后过渡到 90 后、00 后；一二线城市的房地产市场也在发生变化，一线渠道在二手楼门店的渠道作用在加强，三四线城市同样如此。另外，大公司不见得更强，小草根也能够赚大钱了。在大变局时代，行业如何发展是每个企业都要考虑的事情。房地产经纪行业是重服务的行业，未来市场核心仍然在于围绕居住生活提供服务，提高服务品质和效率。

一、自媒体时代，个人 IP 在提升，视频强化了对人的信任

随着 5G 时代到来，一个典型特征是，小型企业与个人将迎来发展机会。如个人可以通过线上平台直播销售商品实现盈利，小型房地产公司也可以通过网络直播销售二手住宅。对房地产经纪企业来说，要根据 5G 时代特点转变运营模式与销售模式，对市场进行深度挖掘与开发。

二、5G 时代更需要资深经纪人的精准服务

随着房价越来越贵，信息越来越透明，买房决策却越来越难，更需要资深经纪人的精准服务。现在房价越来越高，一线城市房价均价已经近 4 万一平方米（见图 1）。

信息也越来越透明，有人说东西好卖，有人说东西不好卖，有人说深圳房价会涨，有人说北京房价会跌，信息的渠道越多，越不知道听谁的，所以买房决策也越来越难。当买房者面临1000万左右的房子，月供3～4万时，这时对服务就不能仅仅用规范、热情来解决了，而更多的是需要专业的技能：房产投资、金融理财，甚至人生规划等。经纪人只有提供更加专业的服务，才能取得客户的信任。

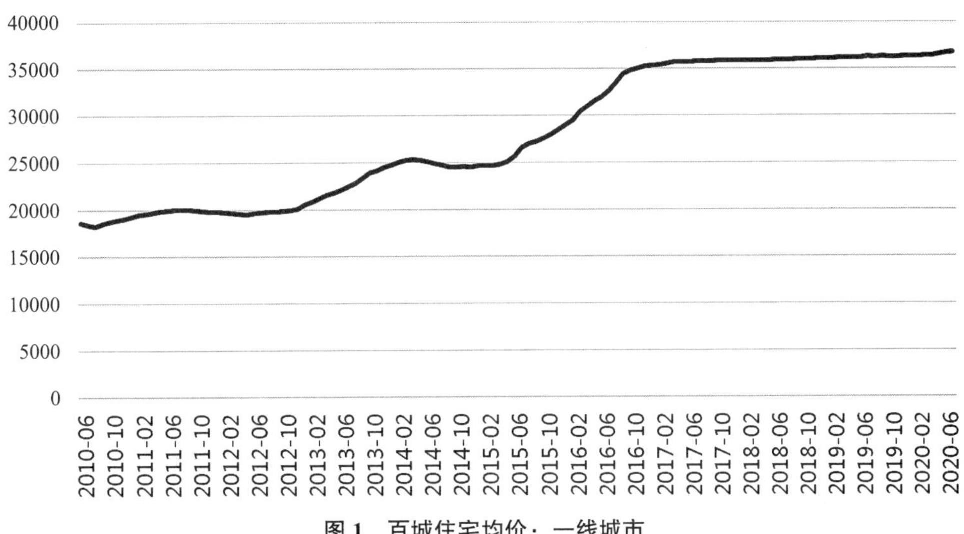

图1　百城住宅均价：一线城市

三、诚信、规范、专业的服务不是大公司的专利

诚信、规范、服务这三个要素不是大公司的专利，小公司也可以做到。大公司有很多规范、专业的做法。比如笔者看到，有些经纪人组织自己服务的小区业主的孩子们开展夏令营活动，这些诚信服务可以说非常暖心。但是行业内依然存在很多不规范、不诚信的行为，据广东省消委会组织开展的2019年房地产中介服务专项调查，结果显示近五成消费者对房地产中介服务满意度评价为一般或者不满意，揭开了“房地产中介服务十大消费潜规则”，其中房源信息不实、执业不规范、总体服务质量偏低、诚信问题较多、个人信息泄露风险高等问题尤为突出。这些问题小经纪公司存在，大经纪公司也存在。

四、深耕社区与规模化发展将在市场中同时存在

笔者对未来市场结构的一个基本判断，就是深耕社区与规模化发展将在市场中同时存在。社区小店可能只辐射周边几公里，大公司的信息及服务的长臂延展，形成哑铃式结构（见图2）。

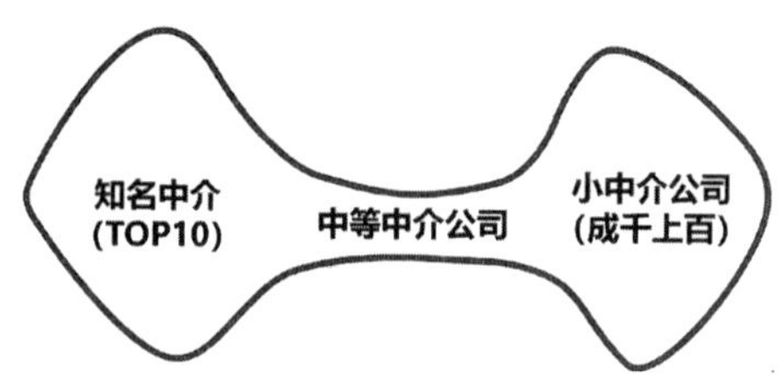

图 2　未来“哑铃型”结构格局

如图 2 所示，未来“哑铃型”结构格局中，大公司可能会一直存在，小公司也会一直存在，中等公司的处境较为尴尬，因此要以更好的模式实现成长与跨越。伴随着 5G 时代来临，个人 IP 作用将会越来越大，草根也可以逆袭，那么我们服务的核心是什么？笔者觉得未来信任是非常重要的，大公司在专业和规范上可能更有优势，但小公司个人可能会更懂客户。所以笔者相信，5G 时代大公司会走得很远，小公司也会活得很好。

（作者单位：深圳市同致行物业顾问有限公司）

房地产经纪交易规则的人性思考

叶维坚

摘　要： 当前，房地产经纪的交易规则诱发人性的缺陷，买卖双方诉求不一致，居间无法同时满足双方需求。要发展符合人性的房地产经纪交易规则，促进单边独家代理，实现充分竞价，建立类似美国的行业协会主导的 MLS 系统。

关键词： 房地产经纪；交易规则；人性；居间；单边代理

一、规则和人性

从人性的角度来分析房地产中介的交易规则。什么是人性？人性就是在一定社会制度和一定历史条件下形成的人的本性，本性并非人们经常所说的“人之初，性本善”，而是受所处社会环境影响的。人性是从根本上决定并解释着人类行为的那些人为天性。

我们要认识到人性的不可确定性，要用规则和制度来约束它。正如习总书记所说：“把权力关进制度的牢笼，这个制度的牢笼就是规则的约束。”我们应该建立一整套完善的交易规则和制度，克服人性的弱点，只有规则和制度才能让人性的弱点无处发挥。

举例说明，英国政府雇佣私人船只运送犯人，按照装船的人数付费，多运多赚钱。很快弊端出现了，罪犯的死亡率非常高。政府官员绞尽脑汁想降低罪犯运输过程中的死亡率，包括派官员上船监督，限制装船数量等，却都实施不下去。最后，他们终于找到了一劳永逸的办法，就是将付款方式变换了一下：由根据上船的人数付费改为根据下船的人数付费。船东只有将人活着送达澳洲，才能赚到运送费用。新政策一出炉，罪犯死亡率立竿见影地降到了百分之一左右。后来船东为了提高生存率，还在船上配备了医生。

所以无论在一个企业还是一个行业里，好的制度能让坏人变好，不好的制度能让好人变坏。

二、房地产经纪的交易规则诱发人性的缺陷

现在二手房的交易是多边委托，居间和撮合是二手经纪最根本的交易制度。首先来看居间，居间是什么？就是一手托两家，左手搏右手。打一个比方，被告和原告请了同一个律师，这个律师该怎么做？我们的交易当中买方希望的诉求和卖方希望的诉求是完全不一样的，卖方希望价格越高越好，买方希望价格越低越好，所以经纪人既代表不了买方也代表不了卖方，如果他都能代表，那么经纪人的精神是分裂的。经纪人的诉求是什么呢？经纪人的诉求是想赚佣金，而且越快越好，交易价格的高低跟经纪人没有关系，所以说经纪人和买卖方居间模式的诉求完全不在一个点上。

第二个是撮合，撮合最关键是价格之间的撮合，实际上是掩盖了市场的竞价行为。很多客户一辈子就只能成交或者买卖一套房子，需要用一辈子的资金。而经纪人却成为市场价格的代表，阻隔了市场充分竞价对价格的确认，从某种程度上经纪人成了市场价格的化身。这样的交易规则把所有的矛盾都集中在经纪人身上，我认为今天行业存在吃差价、矛盾纠纷等诸多问题，就是居间和撮合这两个规则把经纪人推上了人性的考验，如同摆在火炉里烤，年轻的经纪人是经受不住人性的诱惑的。

举一个最近在温州发生的例子，一位老太太通过中介卖房，谈妥的挂牌价格是144万元，中介却挂出了156.8万元，增加了12.8万元，有客户看中了这套房子，中介另外找人伪装成房东的孙子，解释说老太太年纪大了不能出面谈价，最后以156.8万元顺利成交，直到买方住进去通过隔壁邻居才知道自己买贵了。这个案例现在在工商那边还没有最终判决，从中就可以看出现在的居间是什么呢？除了经纪人吃差价不诚信之外，居间的交易模式才是根本之所在，经纪人既不代表乙方也不代表甲方，两方的诉求完全不一样，所以说其实是居间的形式把人性的弱点激发出来了。

三、发展符合人性的房地产经纪交易规则

我们如何针对这两个问题解决我们的交易规则？我提四个方面。

（一）单边代理

买卖双方各自委托一个经纪人，首先由各自的经纪人去接洽。卖方也好买方也罢，都会因为你是代表他们的利益，跟你有一致的利益趋同，就会建立融洽的信任感。单边代理我认为是今后行业的一个方向，同时单边代理会促使独家代理。现在做独家代理的成本很高，因为独家代理会有保证金，通过调查发现，保证金会让经纪人思考交易风险，如果这一单亏了会促使经纪人想办法在下一单把差价赚回来。所以

说，现在的独家代理不是单边的独家代理，有问题存在。

（二）充分竞价

市场的价格完全由市场的充分竞合决定，不要让经纪人隔在中间代表市场。充分的市场竞价，就是要避免经纪人凭个人意愿去撮合和左右成交价格。具体怎么做呢？可以参考美国模式，把房源公示出来，所有意向买方集合竞价，只有充分竞合后的成交价格，才代表市场真正价格。这样买卖双方就不会有意见，无论价格高了低了，都是市场的决定，同时也把经纪人的责任撇清了。由此就会建立一个行业的良好生态，促使经纪人埋头做专业服务，提高服务水平和规范，包括线上和线下的服务，而不是去搅和到主导价格中来（见图 1）。

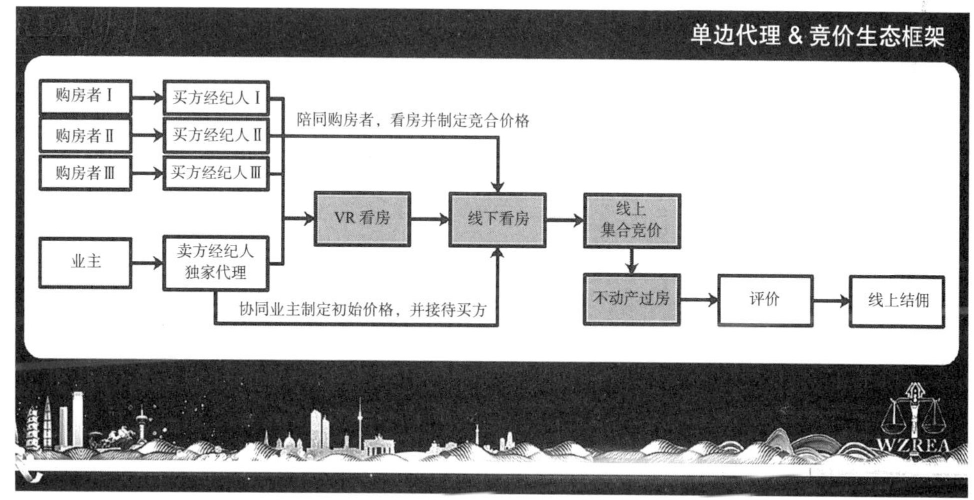

图 1　单边代理和竞价生态框架

（三）MLS 系统

我们需要搭建一个透明公正的房源联卖系统，欧美国家的交易生态已经建立得非常好，我们完全可以学习，比如 MLS 系统。这个系统可以由协会搭建平台，政府赋能，企业加盟，而不是说贝壳或者 58 一家可以垄断，这个系统是经纪行业的命脉，必须是公益的才能有公信。

（四）政府或行业协会要出规则

首先，MLS 系统一定要协会搭建、政府赋能。现在企业要做真房源的楼盘资料库，做得很辛苦，花很大力气一个一个去搜集，然而这些资料都在政府相关部门的资料库里，为什么不通过一定途径让政府的资料库共享出来呢？同时，面对经纪人的乱象，通过政府或行业协会给经纪人发牌照持证上岗，这样就会把房源和经纪人规范起来了，所以政府赋能很重要。

相信行业通过单边代理，市场竞价以及规则制定，整个生态系统就会形成，黑中介等就会消亡。行业怎么样做得更好，唯有规则为主，携人性同行，才能开辟出一条新经纪的航道，为整个行业赋能。

（作者单位：温州市房地产估价师与经纪人协会）

打造中国商办市场 BMLS 平台

陈云峰

摘　要：中国商办房地产市场交易呼唤 MLS 平台，以大数据技术驱动，提升交易效率和服务体验。中国房地产行业专业化细分是大趋势，住宅和写字楼、商业产品营销差异化，商办领域更容易建立 MLS。本文以优铺为例，分析中国商办市场 MLS 解决方案，同时结合中国商业地产行业代理公司和经纪公司痛点，提出了优铺打造的中国商办市场 MLS 平台（即 BMLS 平台）的四大保障、平台体系、盈利模式及业务发展规划。

关键词：商办市场；BMLS 平台；优铺

一、中国商办市场交易呼唤 MLS 平台

中国商办市场的 MLS 平台，称之为 BMLS（Business Multiple Listing Services），就是把写字楼和商户都纳入到这个系统。商业地产可以说是金融化属性最强的产品，但是现在国内实行非常严格的限购，包括北京商铺也是限购的，在北京买商铺很难申请贷款。但商办产品实际是生产资料，不应该在民生保障方面限制它，所以，笔者认为现在因城施策做得不够，应该因专业施策（见图 1）。

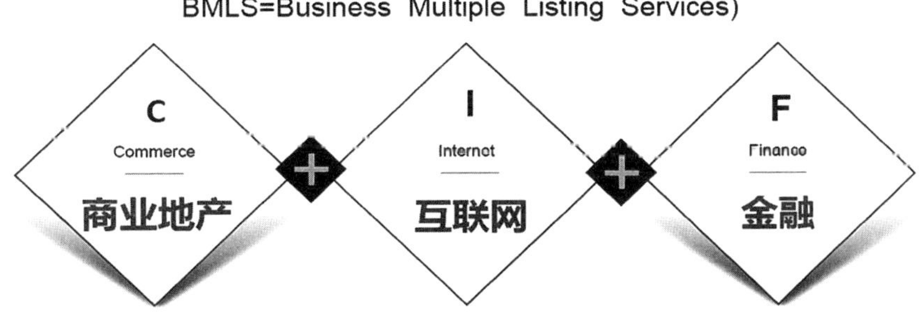

图 1　中国商办市场 BMLS 平台

二、优铺主导的中国商办市场 MLS 解决方案

（一）以大数据技术驱动，提升交易效率和服务体验

国内住宅领域起步早，已经形成了行业巨头，进入红海市场；商办领域竞争小，仍处于蓝海市场，有很大的发展机会。商铺和写字楼在开发商和业主方面的痛点，包括经营户，大众创业、万众创新，这些创业的人都要用商铺和写字楼作为载体，其特点也明显不同于住宅。所以用大数据技术驱动，提升交易效率和服务体验，做到平台化、真实化、专业化、智能化，是实现 BMLS 的一个基本点。

具体包括四个方面：首先是平台化，即强大的客源和铺源获取能力，庞大的数据库资源共享，从交易切入实现一站式服务平台；第二是真实化，线上与线下同步核验，全面杜绝虚假房源和价格，商铺数据可视化；第三是专业化，收费与服务标准化，提升服务体验与交易效率，预付费、不成交退；第四是智能化，大数据智能匹配系统，服务在线，交易在线，协同服务网络。

（二）优铺的中国商办市场 MLS 平台法律上针对公司

在中国，笔者认为不太可能会有独立经纪人，将来有很多人会创业，在中国将来的生态是小公司生存在平台上，平台建立起来之后大公司会受到挑战，这才是中国经纪行业的一个大趋势。所以中国商办市场 MLS 平台还是要针对公司、针对创业的老板，包括经纪人的注册、合同和佣金，只和公司对接，公司先注册然后经纪人再注册。

1. 制定规则

平台制定规则，只收取 8% 平台费。平台要保证佣金的比例分配合理和及时给付，这是 MLS 的重点。房源和客源经纪人都要进行明确的法律上的佣金承诺，每一单交易的佣金答应给买方或者卖方多少，都通过在网上电子签的形式极大提升效率。

2. 真实房源

鼓励经纪人 24 小时及时上传房源，优铺负责核实，客源受业主委托也要真实，假一罚十。商铺其实比较好核实，第一，房源捂不住，第二，商办经纪人更接受分佣，第三，商办一般主家会出佣金，金额比住宅高，能够高 2～3 倍。

3. 交易在线

现在的互联网技术能够做到客户的报备、带看、意向、签约、回佣，流程全记录。线下流程线上化，证据上传优铺平台，违约将承担佣金和罚金，同时建立黑名单，法律诉讼解决。

4. 全国加盟

虽然商办成交频率较低，但是金额较大，笔者认为，要建立一个全国的系统，不仅要实现经纪人、门店、公司打破边界，而且一定要跨城市才有价值。所以未来的

MLS 将形成经纪人之间、门店之间、公司之间的合作，以及跨城市之间的合作，这些在互联网技术面前都非常好解决。

三、关于优铺

（一）优铺发展历程

UP 优铺成立于 2016 年 6 月，致力于使用信息化技术解决商铺租售市场的供需平衡，汇聚了深耕国内租赁市场的行业专家，技术团队由 AI 海归科学家及 MSRA、百度等顶级科技公司技术骨干组成。不管在定位、模式、专业性、行业影响力上都做得很好，已获得东方资产旗下东方邦信置业、优享创智（5Lmeet 共享际）、中经大业资本、中投置地等机构数千万元投资，坚定走资本化融资上市之路（见图 2）。

图 2　优铺发展历程

（二）优铺既是消费互联网更是产业互联网

现在中国已经进入了产业互联网时代，服装、电器、家具、餐饮、出行等消费互联网时代已达到顶峰（诸如滴滴打车、大众点评、京东、淘宝等）。消费互联网重在链接 + 呈现，而产业互联网重在融合 + 打通，通过互联网技术助力实体产业。

优铺作为产业互联网，其发展方向是提高整个产业的运转效率，包括通过经纪人协作整合商铺资源，聚合价值；通过供需匹配提升服务利效率，释放价值；通过数据采集和决策提升匹配效率，传递价值；通过将数据和决策嵌入交易和服务过程，制造价值。

四、中国房地产行业专业化细分是大趋势

中国的房地产开发商有 165 家是上市公司，现在已经不再会有房地产开发商上市

了，因为房地产开发已经走过了顶峰，中国已经进入了存量房时代，现在是中介的天下。笔者相信将来房地产行业专业化细分是大趋势，包括产业地产、养老地产、旅游地产等都会有细分化巨头，有多少家公司会上市呢？预计中国大概有 100 家，因为存量市场比增量还大，这是很好的前景。

（一）住宅和写字楼、商业的产品、营销差异化

住宅、写字楼和商业是完全不同的产品，优铺既要学 58 做商办的端口，也要学贝壳在全国静态做 MLS，在住宅领域比较成功的做法在商办领域都可以重演，这是一个非常大的机会。优铺能够形成一个全国性的 MLS 系统，统一房源，统一需求，在网上进行匹配。商办领域其实比住宅领域更广，住宅以一个区域锁定绝大部分客户，但是商办辐射距离远得多。现在商办公司还比较少，竞争小，缺乏特别专业的公司，北京和上海都有专门做商业的，如果你在当地做商铺的租售也可以早点起步，生意会非常好（见表 1）。

住宅市场、写字楼市场、商铺市场的特征比较　　表 1

特征比较	住宅市场	写字楼市场	商铺市场
玩家	贝壳和我爱我家	好租	优铺
房源性质	住宅	写字楼	商铺
行业特点	•起步早，红海市场 •竞争激烈，受国家政策限制 •贝壳等巨头出现	•已经进入红海市场 •竞争激烈，有一定进入门槛	•互联网化相对落后，痛点明显 •竞争小，仍处于蓝海市场 •需要懂产业，对专业要求高，撮合能力要求强，适合二房东
市场规模	万亿	千亿	万亿
佣金收入	低：0.8% ～ 2.7%	中：月租金	高：销售 3% ～ 5%，招商月租金，选址月租金三分之一
成交周期	2 ～ 3 个月	平均 3 ～ 4 个月	1 ～ 2 个月
跳单率	利用技术和人力手段减少跳单	利用技术和人力手段减少跳单	极低（先付费后服务）

（二）中国商业地产行业代理公司和经纪公司痛点

当然，做商办公司要注意避免重复住宅领域的几个痛点：第一是代理公司、经纪公司和平台资源不匹配；第二是经纪人重复劳动多，效率低下，人均产出低；第三是商铺租售交易流程复杂，成交时间长；第四是中小经纪公司无法和大开发商直接签约合作；第五是经纪公司规模小、人员流动大、收益不稳定；第六是代理公司、经纪公司专业度不够。

优铺 APP 将以共享模式，打造国内最大的商铺租售经纪人众包平台。在商铺销售领域将打造国内服务最专业、协作最紧密的商铺销售经纪人众包网络；在商铺租赁

领域，创新性地推出国内首个商铺招商经纪人众包网络；商铺销售众包经纪人网络和商铺招商众包经纪人网络将形成业务协同，极大地发挥租售结合、以租促售的威力，成为商业地产去库存的利器（见图 3）。

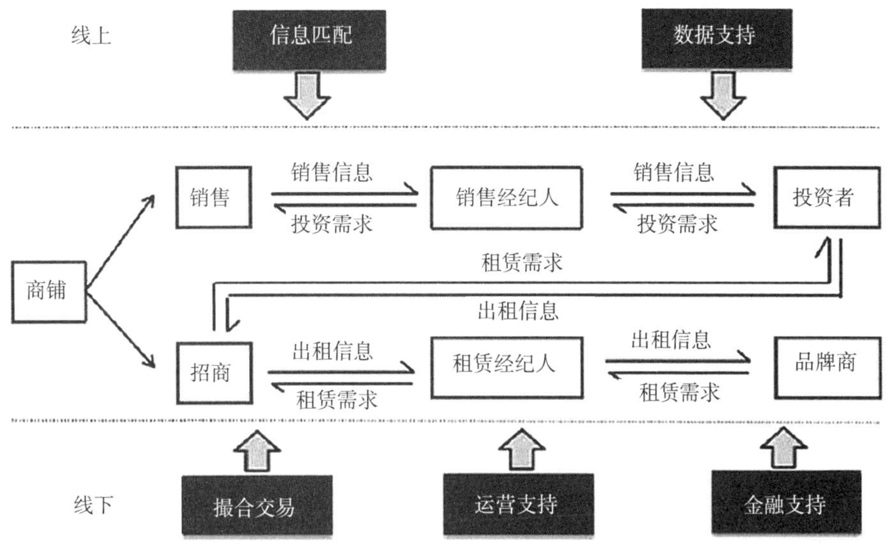

图 3　优铺 APP 打造国内最大的商铺租售经纪人众包平台

（三）商办代理公司、经纪公司更接受 MLS 协作

商办公司更容易接受 MLS 合作，MLS 合作就是房源共享、客源共享、联合分佣。第一，商办公司小而分散，依赖人。团队裂变导致很难做大，没有品牌。第二，跨经纪公司的经纪人之间没有信任，失信没有保障。第三，手工化无数据支撑，没有互联网工具，内部系统不开放。第四，依赖电话营销，营销单一，商办和住宅渠道混为一谈。

五、与优铺一起打造中国商办市场 MLS 平台

（一）BMLS 平台 4 大保障

平台赋能、品牌输出、品质运营、网络协同是中国商办 BMLS 平台的四大保障。第一是平台赋能，平台系统整套输出，完善的操作培训体系，清晰的经营管理策略。第二是品牌输出，优铺品牌授权背书，优铺品牌活动落地，集团延深资源对接。第三是品质运营，完善运营管理制度，高品质的服务体系，显著提升交易效率。第四是网络协同，客源网络跨区合作，提升客源有效利用；铺源网络增加曝光，提升铺源成交率；顾问网络保障顾问在平台上的收益。

（二）优铺的BMLS平台体系

首先，BMLS平台的业务架构如图4，通过线下流程线上化，完全可以精准化、线上化。其次，平台的管理流程为：招商 / 销售项目→经纪人客户报备→项目经理报备审核→项目经理确认到访→项目经理确认认购→项目经理确认签约→财务人员确认佣金→经纪人申请提现→财务审核并支付佣金→结佣完成（见图5）。

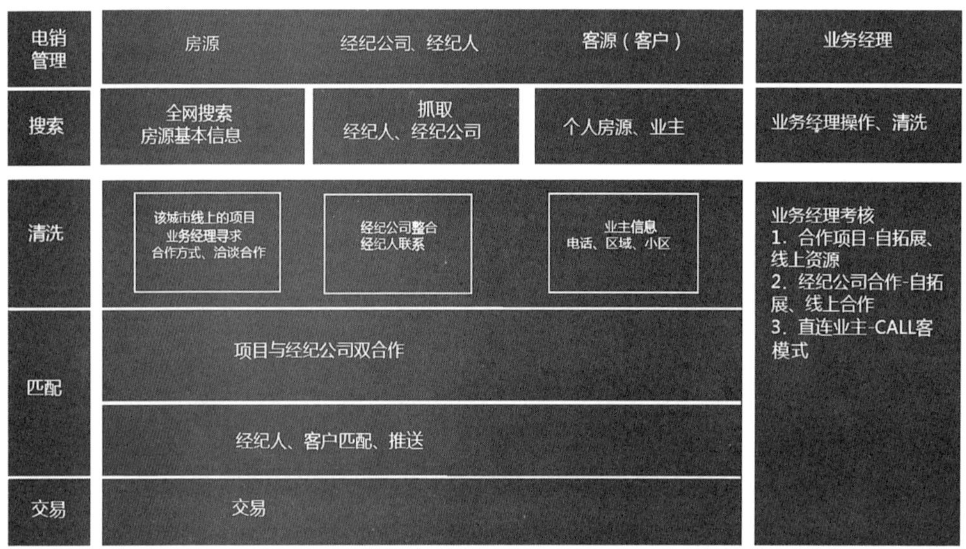

图4　BMLS平台业务架构

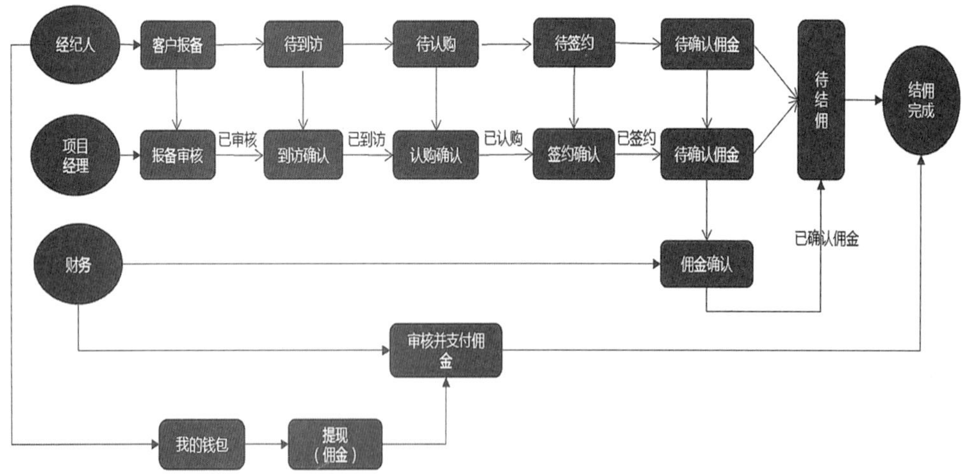

图5　BMLS平台管理流程

优铺打造的BMLS体系是：技术驱动，品牌输出，运营培训。优铺卖铺宝作为作业工具业务模式，替开发商和户主进行销售。优铺还和很多品牌商家合作，在北京一年注册了10万个小商户，而且有4万个全国连锁的商家资源，另外还有自己的优铺商学院（见图 6）。

系统/平台	核心用户	价值定位
商圈字典	内部用户	商业主数据管理系统，为各业务系统提供楼盘数据支持
卖铺宝APP2.4	拥有客户资源的经纪人	快速消化自有客户资源的效率性作业神器
卖铺宝	内部用户	二手商铺资源采集（58、赶集、安居客、乐铺、房天下）、AI清洗
拍铺宝	用户	房源实勘、效率性工具
租铺宝	C端用户	快速查询商铺及需求解决的轻量级软件
WAP站	客户	移动端辅助营销推广
微信公众号	客户	营销服务工具
网站	客户	商业地产服务平台
BI	内部用户	可视化的智能分析系统

图 6　优铺的 BMLS 体系

（三）优铺的盈利模式

优铺的盈利模式主要是租赁匹配（轻撮合），比如选址服务、转店服务、线上推广服务。将来的模式是要做商铺委托，根据有效房源、商圈租金，特别是客户积累，接受商铺业主运营委托，通过当二房东，赚取租金差价、租期差价、转让费差价，以及不对称现金流。现在中国还没有人做商铺委托，优铺的目标是要做中国商铺领域的自如和相寓，从轻到重，现在主要还在做轻撮合。

（四）优铺的业务发展规划

优铺有一个庞大的发展计划：第一阶段是租赁匹配（轻撮合），稳固租赁业务，快速完成城市布局，占据商铺交易流量入口；第二阶段是租赁匹配 + 商铺资产管理，抢占优质头部商铺资源，建立服务与运营壁垒；第三阶段是租赁匹配 + 资产运营 + 增值服务，实现业务闭环，打造完整产业链。

北京一共 40 万套商铺，优铺现在有 22 万套商铺，优铺一年注册的选址创业商户超过了 10 万户，在创业领域非常活跃。未来五年优铺的收入计划是：2019～2023 年实现 100 个城市的发展规模，总营收有爆发式增长，到 2023 年达到近 15 亿。优铺希望抢在住宅领域的MLS没有建成之前，从商铺另辟蹊径，打造一个中国的BMLS平台。

（作者单位：优铺网）

房产平台新趋势

——以用户体验和经纪公司体验为核心

苏伟杰

摘　要：行业的数据化进程不断加快，“真房源”平台的生存基础更完善。行业加盟浪潮持续，房产平台类的寡头效应持续。行业分工加快，越来越多的服务商参与进来，流量正在发生大迁移，迎接信息流的技术时代。用户体验才是王道，房产信息平台必须回归初心，回归“人”的需求，才能让企业活得更久和更有价值。

关键词：房产平台；房地产经纪行业；发展趋势；用户体验

房地产经纪行业和信息行业的 6 个趋势：

一、线上化 / 数据化进程不断加快

第一大趋势，我们看到整个行业线上化、数据化的进程在不断加快，这是非常明显的趋势。首先，从房源角度，可以看到今年加盟的浪潮以及品牌经纪公司的不断扩展，带来行业品牌化。大量品牌经纪公司建设官网使得更多中小型公司的线下房源线上化，从而推动了整个行业数据化的进程。随着越来越多的真实数据存入经纪公司的系统里，行业真房源平台的生存基础会越来越好。其次，从客源角度，行业里有 90% 的客户在线下看房之前会在线上浏览房源数据，用户行为已经开始线上化。最后，从经纪人的角度，随着 SaaS 工具的普及，经纪行业和经纪人对 SaaS 的依赖程度越来越高，结果是作业流程的线上化。所以，真房源平台生成的数据系统现在越来越完善。

二、加盟浪潮持续

那么，在成熟房地产市场的行业格局中，加盟公司的市场规律是什么样的？我们来对比四个国家——美国、澳大利亚、日本、中国。根据链家研究院数据，美国独立的中小型公司占比 59%，直营连锁占比 4%，加盟公司占比 37%；澳大利亚独立小公司占比 64%，直营连锁占比 6%，加盟公司占比 30%；日本独立小公司占比 18%，直营连锁占比 56%，加盟公司 27%①。在中国，目前独立小公司占比 31%，直营连锁 54%，加盟公司是 15%。所以，对于成熟的经济体来说，行业加盟模式的市场份额还有很大的增长空间（见图 1）。

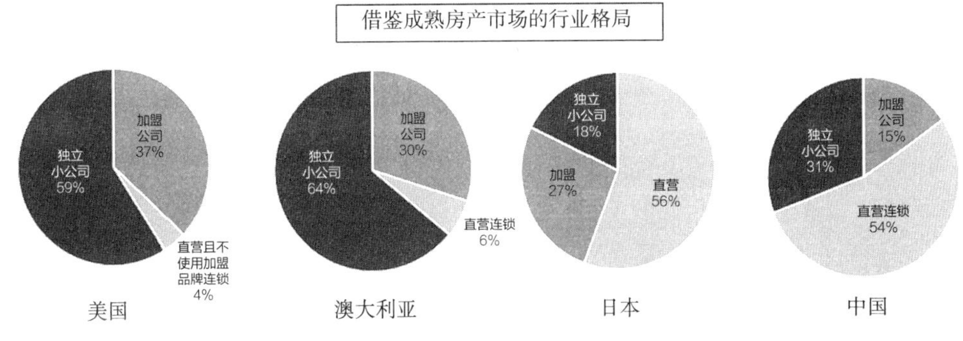

图 1　成熟房地产市场的行业格局

三、房产平台类的寡头效应持续

（一）端口价格和成交量关系不大

从 2008～2018 年上海的各个平台端口收费以及成交量变化图中可以看出，整个行业的平台公司正在快速寡头化。首先，从成交柱状图上看，2018 年上海成交套数大概为 18.2 万套，包括 58、搜房、诸葛找房这三家公司。在 2008 年的时候平台的端口费用每个月才 150～200 元，2018 年已经涨到 500～950 元，涨了很多倍。从图中可以发现，基本上成交套数和端口价格没有必然关系，所以不会因为整个市场交易情况不好，端口价格就下降，这是不太现实的（见图 2）。

（二）房产端口平台的集中度变高

另外，从行业里的房产平台端口业务来看，参与竞争的公司数量每年都在递减，到 2015 年的时候只剩下了 58 和搜房两家公司，诸葛找房在 2018 年开始商业化，现

① 百分比数据四舍五入导致数据总和不等于 100%。

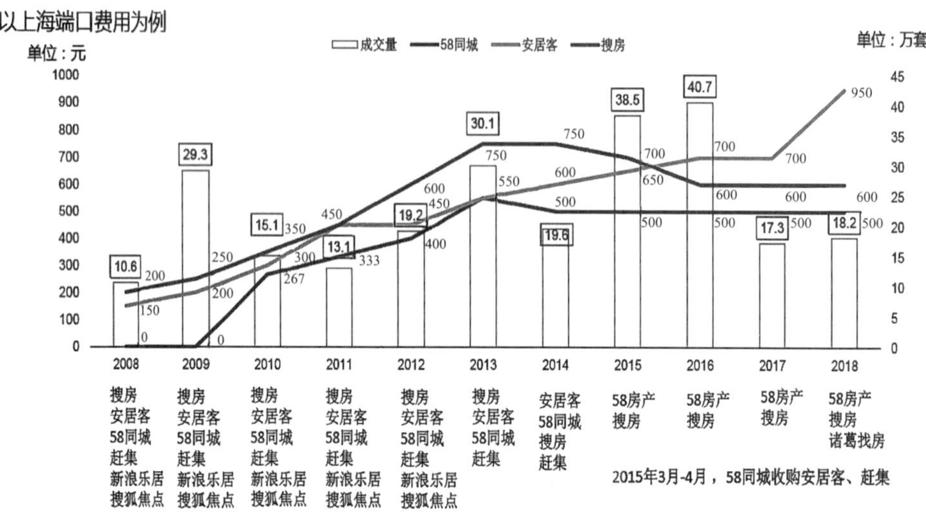

图 2　2008～2018 年上海各大平台端口费用以及成交量变化

在 58 在整个行业里的市场份额能够占到 80% 左右，非常高，平台的集中趋势非常明显。所以总的结论是，端口价格和成交量的关系不大，房产端口平台的集中度变高。

（三）寡头效应原因分析

为什么会发生这种情况？从房、客、人的角度分析，客户越多经纪人付费越多，经纪人付费越多发布的房源越多，房源覆盖度越高客户越多，成为一个正向的闭环。什么能够打破这个闭环，参与到整个环节中来？就是技术、流量和资金，这三点是必需的，而且门槛越来越高。所以房产信息行业是哑铃形结构，即只有头部公司和尾部公司，没有腰部公司。头部公司吃掉行业 90% 利润，留给尾部公司的市场空间非常小，腰部公司没有存活价值。所以行业的发展还是很辛苦的，要不然做大要不然做小，这是平台行业的特性导致的（见图 3）。

行业门槛不断升高：技术门槛、流量门槛、资金门槛

图 3　房产信息行业结构

四、行业分工加快

我们可以看到，整个行业有越来越多的服务商参与进来。上层流量端，有58、搜房、诸葛找房、贝壳等；在底层端，SaaS有易遨、汇智凌云、巧房、好房通等，旅游地产和海外房产发展得比较好的有环球屋、居外网、有路网等；Plus服务端，一二手联动有房多多、好屋中国，品牌加盟有德祐、优居、房友、悟空找房等（见图4）。

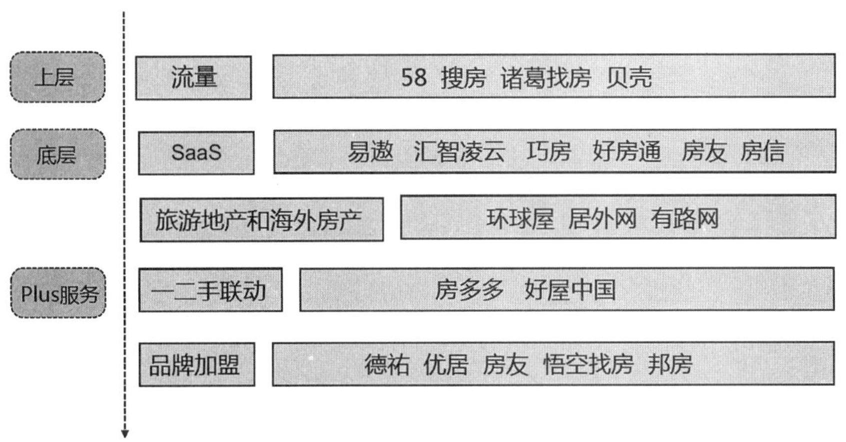

图4 房产信息行业分工

五、流量正在发生大迁移

（一）搜索引擎→信息流，迎接信息流的技术时代

现在流量的成本越来越高，背后的成本和流量结构到底是什么样子？我们首先来看一下百度2018年的财报，2018年百度收入中有53%来自搜索引擎，20%来自信息流，27%属于非广告收入。当一家搜索引擎的收入发生了很大变化时，大家可以知道，整个搜索引擎时代应该过去了。另外，根据艾瑞克报告《2017年中国各形式网络广告市场规模》，预计在2020年，以今日头条为代表的信息流的市场份额将保持在20%左右，届时信息流超过搜索引擎，这个趋势已经非常明显（见图5、图6）。

信息流和搜索引擎最大的区别是，核心能力不再是投放的比拼，而是用户画像计算和对于投放的精准技术的比拼，相当于你今天在京东或者淘宝浏览的任何信息，在别的地方都可以看到，这是一个很大的流量变迁。

（二）自媒体内容有流量红利

当信息流发生变化的时候，还有一部分流量会快速发展起来，就是自媒体的流量，比如抖音、今日头条。诸葛找房从2016年6月开始做自媒体流量，截止到2019

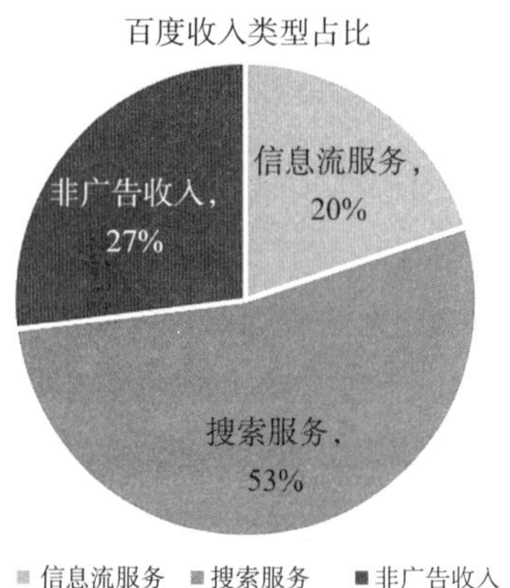

图 5　百度财报

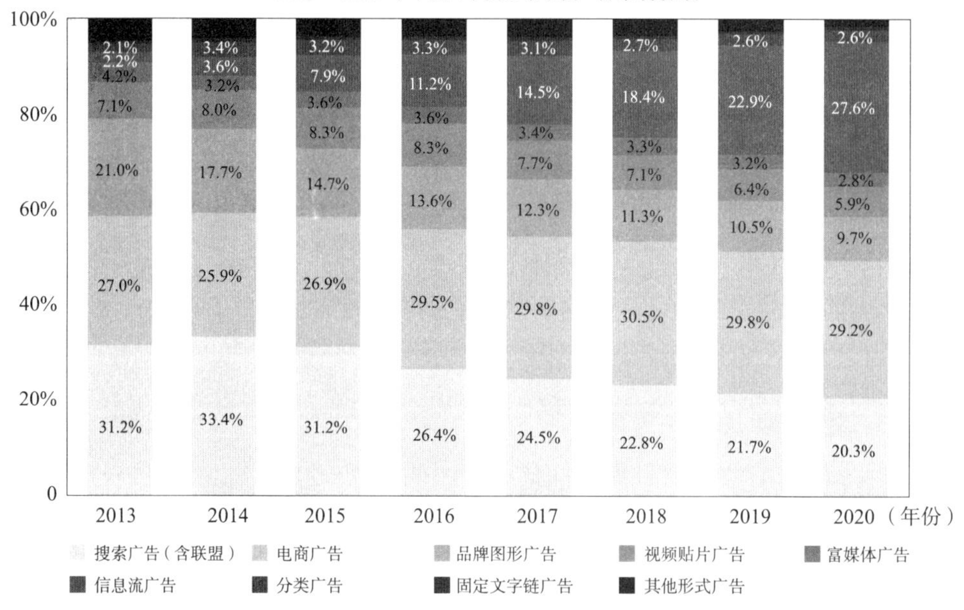

图 6　艾瑞克报告

年 5 月单月的阅读量达到了 6727 万，在房产行业的全网阅读量绝对是第一，基本可以碾压第二名。自媒体方面，很多的经纪公司和很多的平台都可以做，但是需要一定的积累和技巧（见图 7）。

诸葛认真做了大量行业底层数据的清洗和建设，以及构建了专业的房产评估模型，这些数据是相对可靠的。新华社、人民网、人民日报以及中央电视台等全国 200 多家主流媒体，在 2018 年引用诸葛数据的篇数是 1538 篇，折算到现在平均每天大概 3 篇左右。权威媒体报道的使用，包括全国各级人民法院的估价系统也是诸葛来做的。诸葛的数据价值非常高，大数据结合权威媒体和自媒体，让好的内容更有传播价值（见图 8）。

图 7　诸葛找房新媒体阅读量

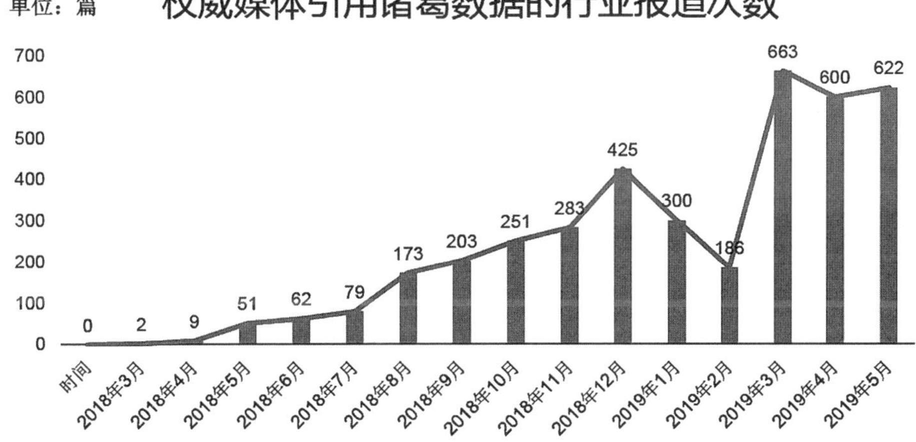

图 8　权威媒体引用诸葛数据的行业报道次数

（三）私域流量——用诸葛云门店构建属于经纪公司和经纪人的“私有流量”

这一部分也是我想强调的，经纪公司自己不能做流量吗？当然不是。行业有一个明显趋势就是，当行业的现状公域流量已经做到极致的时候，就可以看到私域流量，也就是属于公司自己的流量。用户所有的访问结果会直接实时计算成画像，哪个用户访问了哪套房子都可以看得到。所以对于经纪公司或者是其他房产行业的人，都可以使用诸葛的系统，来打造属于自己的私域流量，并不是完全依赖于大的流量平台。

六、用户体验才是王道

（一）用户的线上体验日益重要

根据数据统计，一个用户从注册到首次关注房源平均时间为 30 天，从首次关注房源到发生线下带看60天左右，也就意味着当经纪人接触到一个客户的时候，这个客户在线上找房大概已经花费了三个月左右的时间了。所以，用户的线上体验会变得越来越重要，用户在线上看到哪个更适合的房子，会找到哪家经纪公司，一定程度上已经在线上决定了。

（二）C端用户体验——精准场景，数据驱动，效率为王

诸葛自己建了一套搜索引擎来解决这个问题。现在行业的假房源、重复房源非常多，首先我们会对全网所有的数据进行搜索和处理，我们已经和全国超过200多家经纪公司的SaaS都打通了，包括我爱我家、21世纪等，我们也自己提供SaaS，经纪公司可以直接使用。先收集数据，再结构化数据，这在行业内是非常难的事情。因为行业内每家经纪公司的楼盘字典都是不一样的，每个城市的数据源也是不一样的，导致每个经纪公司对于一套房子的定义也是不一样的。比如你看到有些房子的面积是91.2平方米，你不能说90平方米、92平方米是假的，比如朝向是朝东南还是西南，简装跟精装有什么区别等，通过算法模型可以对数据进行结构化处理。

其次，我们会对所有房源进行聚合。比如一套房源，曾经委托了哪几家经纪公司，以及各家经纪公司的报价历史的变化都可以展示。诸葛的算法是让用户只看到一套房子的所有历史信息，而不是挂不同平台、不同价格的重复展示的房子，重复发信息是没有意义的。至于对每套房源经纪人怎么展示也有排序的逻辑，可以让好的经纪人、有能力的经纪人优先跟客户进行联系。

另外，我们和支付宝也有战略合作，对于经纪公司来说是很好的信用背书。所以，房产如此低频的行业对于C端需求来说，用户的转化和成本远比留存更重要，一定要精准，如果用户流量不精准，就等同于浪费钱。

（三）B端产品三大画像精准匹配

这个行业的复杂性在于每个经纪人和每个客户之间的匹配关系不是很直接。我们通过做底层算法模型，用三大画像（用户画像、房源画像、经纪人画像）进行交叉匹配，实现了精准的传达和信息触达。通过用户的访问行为把用户的画像精准画下来，比如用户最近在看北京的房子，意向是买250万～300万左右两室50～70平方米的房子。这些线上信息对于经纪人转化客户到线下，进行带看有很大的帮助。现在已经有一些经纪人在诸葛开多个端口，事实证明当把用户画像和经纪人画像进行高效匹配的时候，对于大家找房有很大的帮助。

（四）世间没有恒强的企业，关注“用户体验”才有存在的价值

过去200年，人类的生产力跃升了30倍，技术是第一生产力，每个节点都产生一批伟大的公司，并深刻影响着每个行业的趋势和格局，以及所有行业参与者的关系。但是，美国的上市公司3/4企业活不过20年，最好的企业Top10，每隔50年几

乎都会改变。世界五百强里，1955～1994年间每年更迭8.5家企业，1995～2016年间每年更迭14.2家，企业被替换的速度也越来越快，而中国企业500强更迭的速度更快，中国企业面临的竞争更加激烈。

所以世间没有恒强的企业，房产信息平台必须回归到“人的需求”本身，去尝试接受最先进的生产力和先进技术，并且回归到用户和经纪公司的需求，不断为用户和经纪公司带来更好的体验，才有长期生存的价值。我们希望，让房产平台回归到初心，以用户体验和经纪公司体验为核心，认真做个好产品，让经纪公司和用户都满意的产品，和经纪行业共生共赢。

（作者单位：诸葛找房）

推动资金存管　降低交易风险

李文杰

摘　要：二手房交易流程复杂、风险较多，一旦发生交易纠纷，会对买卖双方家庭财产造成巨大损失。资金存管是保障交易资金安全的有效机制。虽然近年来各地建立起了二手房交易资金监管制度，但是2020年上半年重点城市的二手房交易中，依然有将近一半的交易金额未被监管。资金存管的完善使用一方面需要政府引导，强化要求，另一方面需要发挥第三方支付机构的存管作用，从而更好地保障交易资金安全，提升当事人的交易体验。

关键词：房地产；资金存管；二手房交易；交易风险

近年来，住宅交易中的存量化趋势进一步提升。今年上半年，重点城市[①]二手房交易占房屋交易的比例约为49%，比去年同期提升1个百分点，四个一线城市的二手房交易量占比达到70%。当越来越多的城市走向存量房时代，交易风险事件也随之增多，本文分析上半年市场的交易风险以及资金存管的使用情况，并对提升资金存管使用，降低交易风险给出建议。

一、二手房交易资金风险需要重视

二手房交易流程复杂、风险较多、标的额巨大，一旦发生交易纠纷，会对买卖双方家庭财产造成巨大损失。据统计，2010～2018年，中国房产交易纠纷案件总量128万件，平均每年递增超过30%。仅2018年，房产交易纠纷案件数就达到了30万[②]。国家市场监督管理总局主管的《中国质量万里行》2020年4月的调研显示，

---

① 重点城市包括北京、上海、深圳、广州、大连、天津、廊坊、西安、济南、青岛、烟台、武汉、南京、合肥、杭州、长沙、重庆、成都。

② 国内二手房交易服务资金安全问题调查报告：房产交易纠纷案年均递增三成.中国质量万里行，2020-09-01.http://www.315online.com/survey/401211.html

23.4% 的消费者遭遇过资金损失和纠纷；6.7% 的消费者遭遇过纠纷但未损失资金；7.3% 的消费者遭遇过纠纷且损失了定金；8.7% 的消费者遭遇过纠纷且损失了部分房款[①]。贝壳研究院统计，上半年贝壳找房平台交易中因故解除交易合同的单数比例为 2%。考虑到其他中小经纪机构交易的规范性不强、使用资金存管的比例不高，全市场交易中存在资金风险的比例将超过 2%。

从潜在的交易资金风险来看，上半年，贝壳研究院统计的 29 起二手房交易资金纠纷投诉案例，涉及风险总金额 707 万元，平均每单风险金额 24.4 万元。在上半年发生解约的交易中，平均每笔的定金为 6.7 万，最高的一笔定金高达 320 万。可见交易风险一旦发生，可能使消费者遭受巨大的损失。

关于遭受资金损失的具体原因，中国质量万里行调查结果显示，11.2% 消费者因房源存在问题，如房屋查封、产权不清、大额抵押等致使资金受损；5.6% 消费者因中介机构违规操作，如流程问题、门店跑路等致使资金受损；18.8% 消费者因卖方违约，如钱款被挪用、拖延过户、物业欠费等致使资金受损；17.6% 消费者因个人原因中止交易，如资质不全、贷款未批等致使资金受损；43.5% 消费者因其他原因，见图 1[②]。

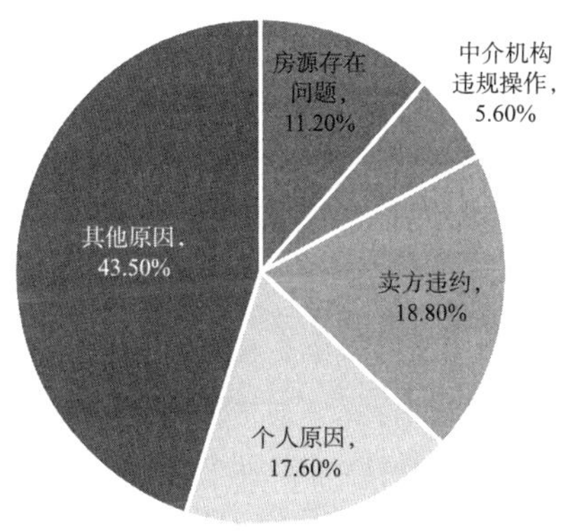

图 1　二手房交易中资金损失的原因

数据来源：中国质量万里行

二、资金存管的覆盖度不高

资金存管是为了保证二手房交易安全而设立的保障资金安全机制，即买卖双方签署买卖合同后，将交易资金放在第三方机构中存管，待交易成功后，将房款解冻至卖方账户；若交易失败，资金会返还给买方。资金存管能够有效降低买卖双方交易风险（见表 1）。

---

① 国内二手房交易服务资金安全问题调查报告：房产交易纠纷案年均递增三成，中国质量万里行，2020-09-01.http://www.315online.com/survey/401211.html

② 引用的原始数据总和不等于 100%。

部分可以通过资金存管降低风险的交易类型　　　　表 1

交易风险类型	解决方法
交易后，原户主不迁出户口	存管户口迁出保证金，原户主迁出户口后，解冻支付给卖方
交易后，发现承诺的物品缺失，物业、水电气欠费，房屋质量不达标	存管物业交割保证金，在完成清算交割之后，解冻支付给卖方
房产经纪侵占挪用交易资金	存管资金在第三方机构
资金支付业主后，房屋查封；业主挪用资金	存管资金在第三方机构，定金在房屋核验完成，网签之后解冻；首付款在过户后解冻

资料来源：贝壳研究院整理

2006 年，原建设部会同中国人民银行印发《关于加强房地产经纪管理规范交易结算资金账户管理有关问题的通知》（建住房〔2006〕321 号），正式提出建立“存量房交易资金管理制度”。自此，各地政府陆续建立相关二手房资金存管制度，但对于资金存管的监管尺度宽松不一，对于是否强制监管、需要强制监管的交易类型、强制监管的金额以及允许办理资金存管机构做出不同规定（见表 2）。

典型城市二手房交易资金存管模式　　　　表 2

监管要求	监管针对的交易类型	金额	存管模式	代表城市
自愿	所有	不限	政府 + 市场	长沙、烟台、青岛、南京、沈阳、佛山
	公积金贷款强制，其他免监管	公积金不低于首付款 90%，其他不限	政府 + 市场	广州
强制	全款支付可免监管，商贷强制监管	全款	政府主导	天津
	所有	全款	政府主导	西安、杭州
	所有	不限	政府主导	成都
	所有	全款	政府 + 市场	合肥

资料来源：贝壳研究院整理

不同制度下，各地的资金存管实际使用情况分化。从单数看，二季度全国 50 个重点城市二手房交易中使用资金存管的单量比例为 68%，即 32% 的交易未被监管。其中，使用资金存管的交易比例达到 80% 的城市有 22 个，达到 50% 的城市有 36 个，低于 50% 的城市有 14 个。从存管金额看，二季度全国重点城市二手房交易中被监管的金额占可监管金额（包括定金、首付款、尾款及完成交易所涉及佣金、税费等）比重为 52%，即 48% 的交易金额未被监管。存管比例达到 80% 的城市有 11 个，低于 50% 的城市有 21 个。大连、福州、烟台、西安、哈尔滨等城市不论在单数还是金额方面基本达到交易全覆盖，杭州、南京、深圳、石家庄、天津等城市资金存管使用比例比较高，绍兴、宁波、济南、武汉、昆明、珠海、佛山、苏州等城市资金存管比例比较低，存在较大的风险敞口（见表 3、表 4）。

2020 年二季度 50 个重点城市资金存管渗透率（单数占比）　　表 3

资金存管渗透率	城市名称	城市数量
90%（含）以上	大连、深圳、福州、哈尔滨、西安、烟台、南昌、咸阳、天津、沈阳、柳州、成都、徐州、安庆、洛阳、南京	16
80%（含）～90%	临沂、石家庄、东莞、合肥、青岛、杭州	6
70%（含）～80%	太原、温州、兰州、广州	4
60%（含）～70%	银川、宜昌、南充、厦门、无锡、郑州、燕郊	7
50%（含）～60%	襄阳、长春、芜湖	3
40%（含）～50%	绵阳、惠州、常州、重庆	4
30%（含）～40%	长沙、贵阳、绍兴、宁波	4
20%（含）～30%	济南、武汉、昆明、珠海	4
10%（含）～20%	苏州、佛山	2

数据来源：贝壳金服

2020 年二季度 50 个重点城市资金存管使用比例（金额占比）　　表 4

资金存管使用比例	城市名称	城市数量
90%（含）以上	福州、大连、烟台、哈尔滨、咸阳、天津	6
80%（含）～90%	深圳、西安、南京、石家庄、杭州	5
70%（含）～80%	青岛、南昌、柳州、临沂	4
60%（含）～70%	洛阳、沈阳、徐州、广州、太原、安庆、东莞	7
50%（含）～60%	温州、兰州、成都	3
40%（含）～50%	宜昌、长春、无锡	3
30%（含）～40%	南充、燕郊、贵阳、绵阳	4
20%（含）～30%	长沙、济南、宁波、珠海、惠州、重庆	6
10%（含）～20%	苏州、绍兴、武汉、常州	4
10%（含）以下	襄阳、佛山、芜湖、昆明	4

数据来源：贝壳金服

三、资金存管使用比例低的原因

政府部门不断加强二手房交易领域对资金监管的重视，但是部分城市资金存管的覆盖率和覆盖内容比较低，造成的风险敞口比较大。主要有以下四个原因：

（1）政府强制存管金额覆盖面窄。即使在政府实行强制资金监管的城市中，可能存在部分资金，例如定金，不在要求强制监管的范围内。部分经纪人在实际运营中习惯于将部分定金存管在门店，以便后续的户保、物保、佣金直接从中扣除，存在经纪人或门店挪用风险。

（2）交易当事人缺乏资金存管的办理意愿。部分业主希望使用客户的定金及首付款解抵押，资金存管业务的存管和解冻时间延长了业主拿款周期，因此业主不愿意接受资金存管。

（3）消费者缺乏资金风险意识。中国质量万里行的调研显示，61.7% 的消费者基本不了解二手房交易可能产生的主要风险，不少购房者因此直接将定金、首付款打给业主或经纪人。

（4）房屋产权信息、客户资质信息查询不够便捷，买卖双方和经纪人无法实时了解信息变动。实际交易中，存在经纪人为了急于撮合交易，在没有亲自核验交易当事人提供的房屋产权信息和客户资质信息前，发生定金甚至首付款交易的情况，上述资金在未妥善存管的情况下，容易导致合同无法履约，继而引发资金风险。

四、关于推动资金存管降低交易风险的建议

资金存管要求从政府最初提出至今已近 14 载，中央虽出台不少相关部门规章，但对地方具体执行缺乏足够引导。近年来，随着地方政府积极落实“放管服”，越来越多的城市资金存管要求表现出基于自愿的趋势。2018 年 4 月，北京正式取消强制存量房资金监管。2020 年 3 月《住房和城乡建设部关于提升房屋网签备案服务效能的意见》表示，除当事人提出明确要求外，存量房交易资金也应纳入资金监管。存量房自行成交的，由当事人选择是否进行交易资金监管。该意见一方面强调了交易资金监管的重要性，另一方面要求给予交易当事人明确放弃资金存管的权利（见表 5）。

中央部门出台的资金存管相关文件　　表 5

文件	具体要求
《关于加强房地产经纪管理规范交易结算资金账户管理有关问题的通知》（建住房〔2006〕321 号）	“建立存量房交易结算资金管理制度。发展交易保证机构，专门从事交易资金监管。”
《关于加强房地产中介管理促进行业健康发展的意见》（建房〔2016〕168 号）	“市、县房地产主管部门要建立健全存量房交易资金监管制度。中介机构及其从业人员不得通过监管账户以外的账户代收代付交易资金，不得侵占、挪用交易资金。”
《关于进一步规范和加强房屋网签备案工作的指导意见》（建房〔2018〕128 号）	“加强存量房交易资金监管，除交易当事人提出明确要求外，当事人办理房屋网签备案应签订交易资金监管协议。”

续表

文件	具体要求
《关于提升房屋网签备案服务效能的意见》(建房规〔2020〕4号)	“由住房和城乡建设部门、政府授权的银行业金融机构或具有相应资质的第三方机构对商品房预售资金、存量房交易资金等实施监管，是确保房屋交易资金安全的重要环节。” “存量房交易资金应在房屋完成转移登记后划转，保证交易安全，实现符合条件应即时拨付，方便企业和群众办事。”

资料来源：贝壳研究院整理

然而，优化营商环境与保障消费者交易安全并不矛盾。烟台、大连等城市基于自愿办理原则，依然能够实现较高的资金存管比例。笔者对于完善资金存管使用，降低交易风险有以下建议。

（1）政府引导，强化资金存管要求，完善资金存管制度。二手房交易中，经纪人希望尽快促成双方交易，卖方希望尽可能快而直接地收款，买方缺乏交易经验和潜在风险意识，以上特性决定资金存管在无外部干预的情况下实施比较困难。对此，城市政府部门可以规定房地产经纪人在交易双方签订买卖合同之前，须告知交易双方可以选择资金存管业务模式，交易双方应签署知情承诺书，确认是否采用资金存管的交易模式，放弃资金存管需双方书面声明。另外，应在二手房买卖合同中增加资金存管条款，明确资金存管方式、金额及解冻条件。政府部门同时应推进交易资金的全额存管，覆盖定金和首付款。不允许经纪机构、经纪人接触交易资金。

（2）鼓励金融机构推出解抵押产品，如转按揭业务、赎楼担保业务，帮助业主实现解抵押，降低业主对资金存管排斥。专款专用的解抵押金融产品不额外增加金融杠杆，配合第三方资金存管，可以有效规避资金风险，便利交易当事人，保障交易安全。

（3）发挥具有金融牌照的第三方正规机构的存管或托管作用，推进交易业务流程和资金可视化。现有的第三方支付机构的资金存管产品已经能实现除付款外，全流程线上化，使得交易当事人能够不受限于政府工作日约束，在线实时查询存管资金状态。另外，存管服务能够覆盖含定金在内的所有交易资金，并可基于交易流程分批多次划转，在不增添交易当事人额外资金负担的情况下，降低交易风险。对此，政府一方面可以授权更多的正规机构开展相关业务；另一方面，在保障个人信息安全的前提下，政府与银行、第三方支付机构实现数据实时对接，向买卖双方及经纪人提供便捷实时的查询工具。同时监管部门可依托存量房合同网签及交易资金存管业务大数据进行监管，有助于实现房屋真实成交价、网签备案合同价（过户价）、银行贷款评估价的“三价合一”。

（作者单位：贝壳找房）

房地产经纪机构信息告知责任之限度与规制

曹伊清[1]　王　峥[2]

摘　要：诚实信用是房地产经纪活动中必须遵循的基本原则，经纪机构和委托人在房地产交易活动中均有信息如实告知义务，这既是法律的规定，也是相关的合同义务。因经纪机构的信息来源于委托人，这就决定了其如实信息告知的责任限度。信息告知的真实性依赖于委托人、经纪机构和经纪人员的三方努力，同时主管部门监管和行业的引导和监督亦是必不可少的。

关键词：经纪机构；信息告知；责任限度

一、信息告知是房地产经纪机构和委托人的义务

依据《民法总则》第七条规定：民事主体从事民事活动，应当遵循诚实原则，恪守承诺。经纪机构和经纪活动中的委托人都应该秉持诚实信用的原则从事房地产交易活动。依据《合同法》规定，一方面委托人要将有关房屋信息如实告知经纪机构；另一方面，经纪机构要将订立合同的机会和有关房屋的信息如实告知委托人，因此双方互负告知义务。故意隐瞒与订立合同有关的重要事实或者提供虚假情况应当承担相应的法律责任。如果因此损害委托人利益的，不得要求报酬，并应当承担损害赔偿责任。

在经纪活动中，作为民事主体的信息披露义务是双向的，并非经纪机构的单向义务，委托人也有如实告知房屋相关信息的义务。然而实践中委托人的信息披露是否真实、全面，往往不是经纪机构能够全面把握的。由于房地产交易的性质，房地产经纪机构和经纪人员可以直接接触当事人的个人信息资料，了解个人的财产状况、家庭状况，因此信息安全保障是当事人最重视的。实践中出于某些顾虑或者某些目的，有些委托人可能不如实披露信息、不全部披露信息甚至隐瞒信息。即便经纪机构已经要求委托人如实告知相关信息，但可能相关的细节问题经纪机构也无法掌握。《房地产经纪管理办法》要求委托人提供真实的信息资料，并规定经纪机构应当书面告知，要求

委托人签字。这一表述不仅是要求委托人对信息披露义务的充分知晓，也是经纪机构和经纪人员对提供的书面告知内容承担法律责任的一种限制。因此，委托人提供真实信息非常重要，由此也凸显了经纪机构要求委托人事先如实告知信息的重要性。如果是经纪机构应当注意的问题但因为疏忽或者其他自身原因而没有察觉到，或者无论委托人提供何种信息，经纪机构均不加甄别地转述，则房地产经纪机构应当承担民事法律责任。

除民事法律规范外，相关的行政法律规范也要求房地产经纪机构和经纪人员在从事房地产经纪活动时遵循自愿、平等、公平和诚实信用的原则，遵守职业规范，恪守职业道德。对于违反相关规定的，应该承担法律责任。国家发改委、住建部、人社部联合颁布的《房地产经纪管理办法》对经纪机构的责任有详细的规定，要求经纪机构在签订房地产经纪合同前，向委托人书面告知与交易有关的重要事项，如房屋交易的一般程序以及交易风险等 8 项（7 项 + 其他）重要事项。

《房地产经纪管理办法》及其有关规范性文件将经纪机构和经纪人员作为规制的对象，要求其对委托人承担法律责任，出发点与合同法的规定不同。行政法律规范是从规制市场与交易的角度出发，规制的对象是作为行政相对人的房地产经纪机构，违反规定的将受到相应的行政处罚。在实践中，相对于委托人，经纪机构的信息告知责任似乎更重。

二、房地产经纪机构信息告知责任的限度

实践中有两种观点：一种意见认为，经纪人员只需就其了解的事项进行告知就可以了，即仅是转告，无须对该信息进行详细的核实和审查；另一种意见认为，房地产经纪机构作为专业机构，房地产经纪人员作为专业人员，应对其所知道的信息承担审查及核实的责任。实际上，经纪机构的信息告知责任受到两个方面的制约：一是委托人的信息告知情况；二是其调查核实的情况。按照《房地产经纪管理办法》及其他有关规定，经纪机构有事先解释清楚并告知当事人如实披露信息的责任。因此对于所知信息，经纪机构一般应以“如实告知”即可。如果经纪机构对于得知的信息不披露或者不如实披露，应当承担责任。交易中的委托人往往要求经纪机构对资料的真实性、合法性负责，因此规范的房地产经纪机构在从事经纪活动时，需要到登记机关查询相关档案、现场调查等，以保证一方当事人提供的相关材料的准确性。由于经纪机构的信息很多来源于委托人，在司法实践中法院往往认定经纪机构对相关信息负有核实义务，如经纪机构未核查出产权瑕疵导致委托人损失，房地产经纪机构须承担法律责任。

房屋信息的披露责任，首先是依赖于房屋的权利人，理论上房地产经纪机构尽到了谨慎注意和如实报告的义务即可，不是无限度地承担责任。只要其事先明确告知委托人有如实提供相关信息的责任，则对于超出其能力范围的信息核实（如其可能对有

关资料的真伪无法进行甄别。再如关于市场行情的告知方面，由于房屋的价格变化不定，很难有一个准确的预测，基于此，只能要求经纪人员就近期交易的市场价格进行告知。由于价格测算的基准和要求不同，差异也很大，因此，经纪机构可以告知委托人价格依据或者来源，不能要求经纪机构100%正确预测市场价格）应不负责任。只要证明当事人对经纪机构告知的内容和披露的信息已经知道并充分了解，谨慎注意即可。但理论上谨慎注意是个主观标准，实践中没有统一的裁量标准，在诉讼中的判断也是基于法官的自由心证。因此，如果由于委托人提供与房屋相关的信息虚假或者有瑕疵，而根据房地产经纪人员的业务知识，即便谨慎注意也无法鉴别，或在其业务能力范围内是无法识别的，房地产经纪机构应不负责任。从这个角度看，房地产经纪机构和经纪人员的责任并非是无限的。

与一般合同行为不同，经纪服务活动中涉及第三人。告知是经纪机构将获取的信息如实告诉委托人，当然应是谨慎、尽职审查之后予以告知。作为房地产经纪机构和经纪人员只要不违反诚实信用原则，谨慎尽职即可，对于所获得的与房屋有关的信息只需一般性的谨慎审查。不少涉及房屋本身的信息是以当事人提供的为准，如出现委托人欺诈（包括沉默欺诈[①]），经纪机构是否应承担责任呢？如果经纪机构并非故意隐瞒，则责任如何承担？杭州市拱墅区人民法院审理的“虞德明等诉杭州华邦房地产代理有限公司”[②]案的责任认定比较典型。对于该案交易“凶宅”的情况，法院认为经纪机构的责任认定的关键在于其是否是故意隐瞒凶宅的事实或合同对此是否有约定。因此，法院要求本案中的委托人原告须就经纪机构在签订合同之前或签订合同时是否已经知道该房屋是凶宅的事实而未如实告知委托人进行举证。如在经纪机构不知情的情况下促成交易，则经纪机构不应承担责任。该案最终的审理结果是：法院认定委托人没有证据证明经纪机构故意隐瞒实情，且合同中亦未有对此作相关约定。因此法院认为委托人原告的请求缺乏依据，不予支持。由该案看出，法院在对于经纪机构的责任认定上并非十分严格，经纪机构只须有证据证明自己已经履行了其应当承担的告知义务，并无故意隐瞒真实状况，则可不承担法律责任。

即便经纪机构有过错，亦不一定是经纪机构承担全部责任。如法院认为委托人自己没有尽到谨慎合理的注意义务，也需承担责任。这体现了一种司法态度，即作为委托人亦有相关的信息注意义务，表明了信息告知的责任主体不是单一的。如南京市中级人民法院2015年在“李平诉中原房地产中介公司案”[③]中认定居间人应当就有关订立合同的事项向委托人如实报告。本案中，作为居间交易对象的讼争房屋实际权利人与卖房人不一致，经纪机构未能及时进行核实，是导致购房款损失的原因之一。经纪机构应尽到必要的、审慎的审查、核实义务，如核实房源信息、核实卖房人的身份信

① 负有信息披露义务，却通过沉默获得利益。

② （2015）杭拱商初字第4003号，北大法宝;【法宝引证码】CLI.C.23581890.

③ （2015）宁民终字第4352号，北大法宝:【法宝引证码】CLI.C.10257771.

息、判断交易过程中的合理性等。但买房人自己对于房屋交易也负有注意义务。因此，法院除认定经纪机构存在责任外，原告委托人在未核实房屋真实权属的情况下即支付房屋价款，亦有过错，双方应各自承担相应的责任。

三、实践中的问题——房地产经纪机构有限告知

笔者近三年来对上海房地产经纪机构持续开展了调研。根据调研得知，经纪机构在房屋的物理属性等信息告知方面做得比较到位。基于网络的发展，无论是网店或者是实体门店，房屋本身的物理信息大多通过照片图示和 VR 反映，虽然有美化的情形，但基本能够反映真实状况。但关于房屋其他的信息，如产权、委托人的情况、利害关系等，即便到了实地看房阶段，经纪机构却很少披露或者是披露不全。

通过调研发现，经纪人员对信息告知的内容和相关的法律责任也并不十分清楚。经纪机构和经纪人员对此有两种认识：其一，他们认为在上海的房地产买卖合同中对于相关信息有具体的规定，因此没有必要事先详细告知。实际上是将告知信息的义务从签订经纪合同之前，推迟到了交易达成签订买卖合同之时。这对交易当事人来说，无疑是增加了交易的风险，也违反了《房地产经纪管理办法》的规定；其二，一些经纪人员认为带看就可以解决信息披露问题，实际操作中没有必要进行房屋信息的书面告知。从部分经纪人员的认识来看，经纪机构将部分（如出售人、出租人、利害关系等）信息披露的法定义务忽略了。

以毕业生租房为例，调研显示，在与房地产经纪人员面谈并签署协议的过程中，房地产经纪人员提供的信息基本上以房屋本身的信息、合同内容、佣金等为主，或者提供一些政策性的信息。但严格以《房地产经纪管理办法》规定的 7+1 项告知内容来看，实务中远达不到规定的要求。很多信息告知并不具有针对性，也不是通过书面的方式。线上提供的信息主要集中于房屋本身的客观信息，没有涉及房东本人的信息（从隐私保护的角度可以理解），以及租房流程等信息，没有将后续复杂的手续流程放置在线上进行说明，更不会将信息的书面告知作为一个程序或者一项要求。在看房期间，经纪人员提供的信息几乎全部与房屋本身的情况相关，如面积、朝向、交通、装修程度、租赁时间等，甚至经纪机构会告知出租人有关承租人的年龄、性别、工作性质等信息，但关于出租人的信息，经纪机构往往不披露，令承租人感觉在信息披露方面的不对等和不公平。此外，关于合同的规范与管理方面也很少提及，尤其不会主动告知房屋租赁合同登记备案。

实践中毕业生关注的租房关键因素为：房东情况、实地看房、合同签订。但在调研的租赁经纪活动中，这三方面承租人关心的信息告知状况并不能令人满意。当拟租赁房屋的毕业生在签订合同前试图要求某些经纪机构披露有关出租人、付款方式等信息时，对方总是避而不答，认为这些信息不重要，回避披露一些关键的信息。出现这种情况有两种可能：一是出租人未全部或者如实披露房屋相关的信息；另一种是经纪

机构或者经纪人员对于已知的房屋信息因为种种原因（如防“跳单”等）不予全面告知。所幸的是经纪机构和经纪人员均认同自身在交易前具有一定的信息审查责任，如产权调查，这点也契合当下司法的认定标准。

从实际情况看，相当一部分房地产经纪机构在提供经纪告知服务时混淆了信息告知和交易合同的内容。如房地产经纪人员一般会告知有合同的示范文本，但对于经纪服务的内容和标准等一般是简单的口头表述，如提前验房、提供符合客户需求的房源信息、陪同看房、促进双方商谈合同，直至合同订立、收取一定比例的服务费等。但多为口头说明、当面阐释或者分散体现在合同洽谈中。

实践中的问题主要是经纪机构和经纪人员对于委托人的信息披露不能完全达到法律要求，同时也显示出经纪人员对于自身的信息告知义务及其责任限度并不清晰，在经纪活动中更多地体现了操作中的习惯性。

四、规制与监管

为规制房地产经纪机构的信息告知，国家和地方出台了不少针对性的规定，内容是对《房地产经纪管理办法》规定的告知义务的进一步细化和具体化。从参与管理的主体看，有政府部门，亦有行业自律组织。很多城市推出政府部门或者行业组织制定的各类交易和经纪合同示范文本，在一些合同文本的正文前有提请当事人注意的“须知和说明”“提示”等类似条款。就信息告知的规范文本看，有两种形式：一类是载有告知事项、告知内容的独立示范文本，另一类是在合同正文前所作的说明，是政府部门或行业组织制作的一些解释或者是合同的使用说明。

合同是平等主体的自然人、法人、其他组织之间设立、变更、终止民事权利义务关系的协议。就政府主管部门和行业自律组织来说，与交易当事人之间不存在民事权利义务关系，并且合同的制作方也并非合同的当事人。就文本设计者来看，政府主管部门或者行业组织也不是经纪服务合同和房地产交易合同的当事人，与房屋交易当事人、经纪机构、经纪人员之间不存在任何民事合同关系。作为第三方，为规范行业，制定示范文本供当事人参考使用，理论上其不具有强制力。但有关部门或者行业组织通过文本示范方式发挥其政府行政管理或者行业组织自律监督的作用，通过书面方式要求经纪机构和交易当事人签约前充分披露与交易相关的信息，以降低交易风险。该类文本或者条款既规范经纪机构和经纪人员的行为，也可以保护当事人和经纪机构、经纪人员的合法权利。特别是一旦发生争议或诉讼，此类文本的证明力不容小觑。

《房地产经纪管理办法》等规定属于行政法律规范的范畴，只能规制作为行政相对人的经纪机构和经纪人员。而民事活动中的当事人（委托人）则不属于行政规制的对象，因此，对于委托人的信息告知规范要求只能通过经纪机构间接传递。但实践中个人信息安全是委托人最担心的，因此经纪机构的信息安全保障义务是值得强调的。通过事先告知保密、合法合理使用责任，可以使当事人愿意提供交易必需的真实资料和信息。同时，也需要告知委托人具有提供交易所需真实信息和材料的义务，防止出现沉默欺诈。即便委托人提供信息错误导致信息披露不真实，作为行政管理部门是无法依据《房地产经纪管理办法》处罚委托人的，但经纪机构可以追究其民事法律责任。所以，《房地产经纪管理办法》要求委托人应当提供与交易相关的真实资料，如经纪机构发现委托人提供的资料有问题应该拒绝接受委托。

《房地产经纪管理办法》针对房地产经纪机构签订房地产经纪服务合同前，不向交易当事人说明和书面告知规定事项的，设定了行政处罚。按照该办法第三十三条，可由县级以上地方人民政府建设（房地产）主管部门责令限期改正，记入信用档案；对房地产经纪人员处以 1 万元罚款；对房地产经纪机构处以 1 万元以上 3 万元以下罚款。随着行政法律制度逐步健全，依法行政的要求日趋严格，行政裁量基准逐步建立健全，执法的依据、证据、裁量基准等程序和实体方面越来越规范。但是，作为执法依据的《房地产经纪管理办法》第三十三条适用中的问题在于：一是事实认定困难。由于经纪行为涉及当事人双方，在处罚时行政机关可能存在事实认定上的困难，可能无法举证或者举证不充分，即可能难以证明经纪机构是否已经履行了告知义务；二是需要交易当事人的配合，并提供相应的证据，这也存在一定的困难。在目前行政执法日益规范的情况下，直接适用该条处罚确实存在事实认定和证据固定方面的困难。同时，由于各地规定的明确程度及相关文件的制定主体不尽一致，其落实的效果也难以准确判断。

如果经纪机构或者经纪人员故意隐瞒真实情况，违反了如实告知的义务，甚至误导委托人，是否需要承担民事法律责任？是否需承担违约责任？因为信息披露是签订合同前的行为，因此，不存在违约责任。目前按照信息告知的法律定位，故意隐瞒真实情况，没有如实告知相关信息，造成当事人损失的，应该承担缔约过失责任。但如果双方同意将信息披露的内容写入合同，则构成合同条款，当事人违反约定需承担违约责任。

从纯粹的民事途径进行法律救济，认定经纪机构疏于履行告知义务导致委托人出现认知错误、意思表示不真实等请求合同撤销，不仅难度较大，对当事人来说，救济途径也过于专业和复杂。而且这种法律救济手段都是滞后性的，同时作为主管部门无法直接介入当事人的民事行为。

在目前行政审批制度改革的背景下，期望完全以行政手段规制房地产经纪市场显然是不切当下实际的，尤其是对经纪机构行为的规范，完全依靠行政处罚也是不符合现代法治建设要求的。随着市场的逐步发展与成熟，行业监管的优势应该逐步得到显现。

（1）提倡行政指导，行业监管、自律。引导经纪机构、经纪人员逐步规范经纪行为，促进市场的规范有序发展，更有效地保障交易当事人的合法权益和经纪各方的合法利益。

（2）行业组织规范告知文本的内容和标准。考虑到各地的房地产交易状况和地方交易习惯的区别，由行业组织根据《房地产经纪管理办法》中的告知内容，制定有具体的告知标准的指导性文本应是较为合理的做法。行业组织可以通过文本的适用，以标准示范文本的方式描述告知义务的内容，引导经纪机构更好地保障委托方的知情权。

（3）发挥行业组织在争议和纠纷解决中的作用。一旦发生争议或者纠纷，行业组织亦可以担负部分协调解决纠纷职能。如果发生诉讼，如已使用规范文本，也可以示范文本作为经纪机构履行告知义务的书面证据，达成维护经纪机构合法权利的目的，这样的做法显然会更具有实效。

未来成熟的房地产中介市场需要行业组织发挥行业的引领作用，逐步淡化行政管理色彩。目前而言，政府的监管不可能完全退出，因此各级政府主管部门和行业组织应互相协调配合。行业组织的作用主要是事先通过引导、规范、警示经纪机构和经纪人员，防范各类民事纠纷的产生。从行业的柔性监管中确保法律规范的落实，让房地产经纪活动和房地产市场越来越规范成熟。

五、结语

经纪机构披露房屋交易相关信息的关键在于如实告知，并非是出具信息真实的保证书。经纪机构和经纪人员的责任仅在于向当事人明确交易的风险和自己提供服务的内容信息，只要没有故意隐瞒真实情况和信息，就履行了如实告知的义务。从这个角度看，经纪机构和经纪人员的法律责任在信息披露中是有限的，不能无限放大，否则背离了信息告知本身的法律定位和法律意义。而对于信息告知义务的履行，主要依赖于委托人、经纪机构和经纪人员的三方努力。当然在现行的体制下，政府的监管和行业组织监督都是必不可少的。

（作者单位：1 同济大学法学院；2 南通市仲裁委员会）

参考文献：

[1] 孙良国 . 不动产交易信息披露义务研究——基础框架的设定 [J]. 当代法学，2008（1）.

[2] 王娟 . 房地产居间人之调查核实义务 [J]. 人民司法，2014（23）.

[3] 张铣 . 论信息中介在现代交易中的重要作用及其制度需求——以先合同信息披露义务的扩张为背景 [J]. 华南理工大学学报（社会科学版），2013（4）.

[4] 魏婷婷 . 房屋买卖合同中的信息披露义务 [J]. 人民司法，2016（23）.

存量房中介服务纠纷法律风险防范与维权

柳正忠

摘　要：本文通过对2019年度厦门市房地产中介行业协会受理的存量房中介服务纠纷投诉进行分析，认为房产中介与消费者都应当重视中介服务法律风险的防范。一方面，经纪机构应当规范服务，事先防范；经营管理者应当掌握法律常识，培训员工；遇到中介合同纠纷应以和为贵，先礼后兵，切忌采用非法手段索取中介佣金。另一方面，交易当事人应当结合自身实际，理性、谨慎进行房地产交易。

关键词：中介服务；纠纷；法律风险；防范

笔者所在单位是厦门市一家房地产中介行业协会，其受行政主管部门委托，受理已备案的房地产经纪机构（以下简称经纪机构）在存量房中介服务（又称经纪服务，今年5月28日《民法典》通过后，原《合同法》中的居间合同修改为中介合同，故本文使用中介服务与中介合同词语）中发生的纠纷投诉调解工作。2019年度共受理本市书面投诉近260件，接待存量房买卖当事人来访和咨询或电话投诉等600多人次（以下没有特别说明的，均指书面投诉）。中介服务纠纷若处理或应对不当可能存在相应的法律风险，故本文根据受理的投诉案例统计分析中介服务中存在的法律风险，并提出相应的风险防范建议，以供行业参考。

一、2019年存量房中介服务纠纷类型及原因分析

根据2019年受理的厦门市存量房中介服务纠纷投诉，按发生纠纷的原因进行分类，笔者概括了以下五种类型，并详细展开论述：

（一）因挂牌、网签发生的纠纷及其原因

根据存量房交易合同网签制度，经纪机构提供房地产中介服务签订的中介合同，存量房通过经纪机构达成买卖而签署的存量房买卖合同（这两个合同以下简称存量房

合同）都应当通过存量房合同网上备案操作系统（以下简称“网上备案系统”）办理存量房合同网上备案。为区分这两个合同网上备案，在此称中介合同网上备案为挂牌，称存量房买卖合同网上备案为网签。根据2019年投诉统计数据，因挂牌、网签发生纠纷的原因如下：

（1）未经委托人书面同意擅自发布房源信息（挂牌）或网签；

（2）伪造委托人签名或委托书擅自挂牌或网签；

（3）买卖交易当事人协商解除存量房买卖合同，经纪机构拒绝撤销挂牌；

（4）经纪机构未按照规定上传挂牌资料；

（5）生效判决书判决解除存量房买卖合同，经纪机构拒绝撤销挂牌或网签；

（6）委托人取消委托售房，经纪机构拒绝撤销挂牌；

（7）利用挂牌或网签为真实买卖以外其他目的进行挂牌或网签；

（8）对买卖双方当事人身份核验及购房资格等未尽到合理审慎和注意义务导致挂牌无效；

（9）出借网签账号供他人使用的；

（10）其他违反《房地产经纪管理办法》等相关法律法规和政策规定的行为。

从2019年投诉统计数据来看，存量房合同网上备案纠纷大部分为挂牌纠纷，而这其中主要原因是，一旦挂牌后（尤其是独家委托挂牌），经纪机构就独家获得了该房源资源。

挂牌外在表现为对外发布房源信息，按照规定经纪机构通过网上备案系统发布房源信息，必须经委托人书面同意后，方可对外发布（依据是《房地产经纪管理办法》第二十二条规定和政府关于存量房合同网上备案的规范性文件）。在这之前，经纪机构应当核验不动产权属证明、委托人或代理委托人的身份证明及代理买卖房屋的委托书，并通过网上备案系统生成房源信息编码。委托人可以选择独家委托或一般委托。当委托人选择独家委托时，在委托期限内，不可以在其他经纪机构发布房源信息，同时为保障房屋所有权利益，预防经纪机构垄断，一般规定委托期限最长不超过3个月，3个月后可重新选择委托经纪机构。

但在实务中，很多经纪机构为独家垄断房源信息，挂牌不规范催生大量挂牌纠纷，既侵害房屋产权人合法权益，也给自己带来行政责任或民事责任的法律风险，如取消网签资格、行政罚款或承担民事损害赔偿等。对此，经纪机构应重视挂牌风险。

（二）因中介服务导致的纠纷与投诉及其原因

根据2019年投诉统计数据，因中介服务纠纷发生投诉的原因如下：

（1）未向委托人如实报告订立合同的事项；

（2）未向委托人说明中介合同和存量房买卖合同或者房屋租赁合同的相关内容，并书面告知规定事项；

（3）代理人代房屋出卖人出售房屋时，未要求代理人提供房屋出卖人亲笔写的

《授权委托书》(一般要求是《公证委托书》)或者未核实《授权委托书》授权真实性、未核实代理权限及期限；

(4)签订中介合同时，未要求委托人提供真实有效的房屋权属证书或者未核实房屋权属证书的真实性，或者未要求委托人提供规定资料；

(5)经纪人代房屋出卖人或买受人签署《存量房买卖合同》；

(6)未经委托人书面同意擅自发布房源信息或发布虚假房源信息；

(7)对交易当事人隐瞒真实的房屋交易信息，低价收进高价卖(租)出房屋赚取差价；

(8)承诺不当(承诺代办贷款、承诺返拥等没有实现)；

(9)佣金起争执；

(10)因取消委托售房或购房意向合同时，退还保证金发生争执；

(11)中介未尽到审核义务，存在缔约过失；

(12)解除售房委托发生争执。

根据2019年投诉统计数据，在签订中介合同前，经纪人员未能尽职调查，未查看委托出售、出租的房屋，未核验房屋权属证书、委托人的身份证明等有关资料等是主因。根据《合同法》第四百二十五条规定，经纪机构有义务向委托人如实报告，不得恶意促成委托人与第三人签订合同。《房地产经纪管理办法》第二十一条、第二十二条亦有相同规定，如向委托人说明存量房合同内容、书面告知规定事项、编制房屋状况说明书方面等。但在实务中，经纪机构这方面做得总体上很不理想，很多未向委托人如实报告，有的甚至故意隐瞒事实或者提供虚假情况，恶意串通促成签订合同。

其中，经纪机构和买方隐瞒买方为经纪机构工作人员身份，房屋出卖人认为经纪机构和买方欺诈，主张合同无效或要求撤销合同的投诉是热点之一。从大量司法裁判文书和行政处罚文书来看，一般认为，如果卖方未能举证《存量房买卖合同》系其在违背真实意思的情况下作出的错误意思表示，而以买方或买方与第三人共同欺诈为由请求撤销《存量房买卖合同》及赔偿不予支持。但该行为违反了《房地产经纪管理办法》第二十五条第(八)项承购、承租自己提供经纪服务的房屋的规定，经纪机构应受到行政处罚。也有裁判认为，根据《房地产经纪管理办法》第二十五条规定，房地产经纪人员承购自己提供经纪服务的房屋是其从业禁止的行为。因此，买方作为房产中介员，理应清楚承购自己提供经纪服务的房屋是违反上述禁止性规定的，但买方在签订涉案合同之前，未将自己为经纪公司经纪人员这一重要信息主动向卖方明示，显然有意隐瞒了足以左右卖方签订合同意愿的重要事实，构成欺诈，涉案合同可以被撤销。

其次，佣金争议发生纠纷亦是投诉热点。表现有以下几方面：一是经纪机构居间促成合同，但买卖当事人又协商一致解除合同，借故不支付佣金，同时又要求撤销网签遭拒发生纠纷。二是房源信息是公开的，两家以上的经纪机构都带看过房源，在其中一家经纪机构成交后，另外一家经纪机构向客户索要佣金而发生纠纷。三是客户不诚信，确实是“跳单”。

第三，经纪机构未如实告知。经纪机构作为专门的房产中介机构，在收取居间费用的同时，除提供交易信息促成交易外，还应尽到审慎核查、勤勉义务，尤其对于交易房产的权属状况（共有）以及是否存在查封、抵押等影响交易安全的重大事项，应尽职核查、如实告知委托人，否则给委托人造成损失的，应承担相应的损害赔偿责任。

（三）因经纪机构不正当竞争、售后服务质量引起的投诉及其原因

（1）恶意挖抢同行房源，招揽、承办明知已由其他经纪机构独家代理的经纪业务，为达此目的怂恿房屋出卖人提前撤销委托；

（2）强制委托人使用自己推荐的担保、估价、金融等机构的服务。

（四）因经纪人员道德风险引起的纠纷及其原因

（1）经纪人员卷走客户款项潜逃；

（2）经纪人员泄露房源或客户资料；

（3）经纪人员电话或采用其他冷暴力方式骚扰客户；

（4）经纪人员与第三人恶意串通，以欺诈方式损害委托人利益。

（五）因客户道德风险引起的纠纷及其原因

（1）一房二卖；

（2）代理人卷款潜逃；

（3）房屋被查封仍然出售。

根据投诉统计分析，经纪人员道德风险与客户道德风险发生，都与经纪机构未尽职调查或自身工作流程风险防范缺失有关。

二、中介服务风险防范与维权提示

中介服务纠纷若处理或应对不当可能存在相应的法律风险和商业风险，无论如何都应重视。对于经纪机构而言，风险将会给客户或企业造成直接经济损失，或者造成企业管理的难题和经纪人员的困扰。因而如何进行法律风险管理，已成为经纪人员和企业管理人员迫在眉睫且无法逃避的现实问题。对于交易当事人而言，绝大部分人买卖房屋可能是一辈子最大的投资，虽然买卖房屋非常专业，需依赖于经纪机构和经纪人员，但自身也应有一定的法律意识，否则可能会造成无法弥补的损失，因而也是需要重视的。

（一）经纪机构应当加强法律风险防范及危机化解

在中介服务中，经纪机构的风险可分为：刑事责任风险、行政责任风险、民事责任风险和经济风险。刑事责任风险：经纪机构涉嫌近期常见的扫黑除恶中套路贷中的合同诈骗，可能面临刑事责任风险；行政责任风险：经纪机构违反《房地产经纪管理办法》违规挂牌，可能面临记录信用档案、取消网签资格及行政罚款等风险；民事风险：经纪机构因房屋核验未尽审慎责任，尽职调查，甚至于张冠李戴，盲目承诺等，导致纠纷发生，赔偿损失等；经济风险：经纪活动中，因为不规范行为，忽视合同签订，不依法保留证据，致使客户跳单，无法追偿。

经纪机构应当加强法律风险防范及危机化解，具体做法可概括为：经纪机构应当规范服务，事先防范；经营管理者应当掌握常识，培训员工；遇到中介合同纠纷应以和为贵，先礼后兵，切忌采用非法手段索取中介佣金。

以下以防“跳单”为例，谈谈经纪机构如何化解法律风险。

首先，应明确跳单是如何认定的。张宁在《房屋买卖中介合同中规避“跳单”条款的效力和“跳单”行为的认定》一文中提出，“跳单”违约行为的认定应满足四个条件：（1）经纪机构的委托权限，是一般代理还是独家代理；（2）经纪机构是否提供了房源信息或成交机会，并且积极履行媒介服务；（3）委托人是否利用该信息、机会与出卖方私下成交或另行委托他人居间成交；（4）委托人是否存在逃避（不付或少付）佣金的恶意。

基于这种认识，按照中介服务流程，应积极促成客户签订《看房确认书》和《存量房买卖重大事项告知书》，以证明经纪机构提供房源信息或成交机会，同时也履行了如实告知义务。

在《看房确认书》中，应特别强调“首次看房”，可做如下约定：（1）委托方确认在本次看房之前是否已自行或是否已经由其他中介方介绍房源信息并实地察看过本看房书所列明的房产。（2）委托方确认中介方已向自己提供本确认书所列明房产的房源信息及相关情况等，并已指派其业务人员带领委托方到现场实地勘验，向委托方报告了订立买卖合同或租赁合同的机会。（3）委托方确认：若委托方或委托方的配偶、亲属基于中介方已提供的房源信息、机会和服务，成功购入或承租本确认书所列明房产的，则委托方需向中介方支付佣金。（4）委托方确定中介方已提供房产信息（房产名称、房号、看房时间）等。若是独家代理行为，《看房确认书》的上述约定，至少为经纪机构提供房源信息或成交机会提供了重要证据。

此外，根据上文的投诉统计分析，纠纷引起的重要原因之一就是经纪机构未履行如实告知义务，而客户“跳单”缺少证据就在于没有书面告知事项，因此《存量房买卖重大事项告知书》非常重要。根据《房地产经纪管理办法》第二十一条规定，在实践中，中介服务重大事项，包括买方和卖方两大类，模板可参考深圳房地产中介行业协会的《存量房交易卖方（或买方）重要事项告知书》，在此不赘述。

（二）经纪机构应规范经营、诚实守信

构建法治社会，维护当事人的合法权益，离不开企业，特别是业内领军企业的自律和表率。因此，经纪人员应加强法制观念，提高自律意识，积极维护行业规范的经营环境；切实尊重存量房交易当事人的知情权、选择权等权利；应当向委托人如实报告有关订立合同的事项，应当就其所知的有关订立合同的事项，如第三人的资信、支付能力、标的物是否有瑕疵等，向委托人如实报告，不得恶意促成委托人与第三人订立合同。经纪机构要与存量房买卖当事人签订规范合同，对重要的格式条款显著提示。

笔者建议，经纪机构应以标准化、流程化、团队化的服务建立产品质量控制体系，在服务中实现产品质量的自我控制。如制定人员招聘、人员培训、服务流程、质量检查和售后服务的质量控制制度。从投诉统计数据来看，经纪机构普遍没有建立经纪纠纷投诉机制，及时妥善处理存量房买卖当事人与经纪人员的纠纷，导致纠纷深化甚至激化。

以链家售后处理机制为例，其发生投诉后基本能够内部消化。倘若协商过程中争议较大，无法解决，一般先行向协会报备沟通解决方案，或以协会为平台由各方当事人当面协商。根据 2019 年两起投诉案例，因门店过失造成客户损失引起的投诉，均通过协会平台进行调解并达成和解协议，效果较好。

（三）交易当事人应理性、谨慎进行房地产交易

房地产买卖一定要结合自身实际。首先售房者、买房者在选择经纪机构时，应从经纪机构的资质、口碑、服务、管理等多方面综合考虑，同时签订规范的存量房中介合同，尤其是对合同签订双方的基本信息，如委托人或代理人信息、房屋基本情况、挂牌价格或出租要求、房地产中介服务的内容等重要条款要特别留意。

其次，购房者要通过本地网上房地产平台取得房源信息编码以辨别真假房源，并有权要求经纪机构提供房源信息编码。

第三，购房者应当认真评估自身经济实力，不要盲目和冲动。

第四，签订合同时，应当清楚明白合同条款内容，理解自身的权利和义务，不能盲目签订合同。

（四）遇到纠纷，合法、合理维护自身权益

发生中介合同纠纷时，存量房买卖当事人首先应与经纪机构协商，如不能解决纠纷，应当收集好合同等有关证据，通过向行政主管部门投诉举报，或者向房地产中介行业协会寻求帮助等合法合理途径维护自身权益。

（作者单位：厦门市房地产中介行业协会）

参考文献：

[1] 中国房地产估价师与房地产经纪人学会．全国房地产经纪人协理职业资格考试用书房地产经纪综合能力 [M]. 北京：中国建筑工业出版社，2018.

[2] 王林清，郭燕枝，杨心忠．存量房买卖合同裁判思路与裁判规则 [M]. 第 1 版．北京：法律出版社，2016：389 ～ 390.

[3] 张宁．房屋买卖中介合同中规避“跳单”条款的效力和“跳单”行为的认定 [J]. 法律适用，2010（8）.

[4] 链家研究院．关于房地产中介管理新规落地实施的若干建议．

[5] 深圳房地产中介行业协会．看房确认书和存量房交易卖方（或买方）重要事项告知书．

日本房地产中介市场的经验与借鉴

曹云珍

摘　要：近年来，日本房地产中介行业提倡为客户提供终身服务。通过服务金三角，即销售系统（房源信息说明书签字确认、房源信息共享、五方面谈签约）、销售人员（持证上岗，薪酬以固定薪酬为主、绩效奖金为辅，行业整体离职率5%左右）和服务内容（针对卖方、买方、换房客户提供不同服务）三者达到均衡，提升客户服务体验，锁定终身客户。

关键词：日本；房地产中介行业；中介服务；终身客户

一、服务金三角

在少子化·老龄化的宏观背景下，日本近10年来不断完善房地产中介服务（以下简称“服务”）水准。日本大型房地产集团企业早已形成系统生态链，但并未发挥其最大效应，集团公司之间并未完全分享客户信息。近年来，各集团不仅共享客户信息，还提倡为客户提供终身服务。

什么是终身服务呢？以三井不动产为例，它打通了新房、流通、建筑服务、装修、租赁、资产管理等各业务环节，体系内形成业务生态圈，把不同生命周期的客户留在三井不动产的业务体系中，加强客源的复用价值。

为了使顾客成为企业的终身客户，则需要提高客户服务满意度。服务主要体现在销售系统、销售人员和服务内容三个方面。只有三者达到一定均衡程度，才能为客户提供好的服务体验（见图1）。

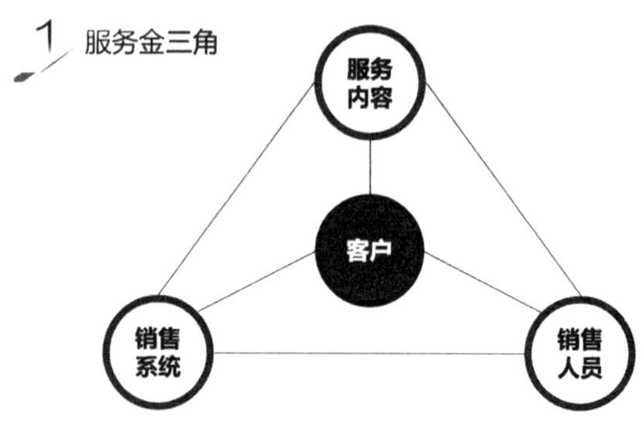

图1　服务金三角

二、销售系统

（一）交易前：房源信息

在日本，基本上不存在虚假房源。因为日本有一个信息共享平台，面向行业专业人员。具有很强的分辨能力的行业专业人员能够清楚地判断房源真实或虚假并互相监督。尽管日本也有一个专门的政府机构对此进行监督，但是监督效果不如行业内部的互相监督。

（二）交易中：购房定金、房屋信息、资金安全

在中国，有时候会出现买卖双方均有意愿，但因贷款申请未获批准而交易失败的情形，此种情形在日本却基本不会出现。因为经验丰富的销售人员能够大致判断贷款是否能够获批，从而为消费者提供准确信息，保证交易的顺利进行。同时银行也会提供事先审查程序，一般事先审查程序能够通过，正式申请贷款的时候也不会有太大问题。

日本法律明确规定，在交易时必须进行重要说明并在重要说明书上签字，详细说明房屋的权属状况、周边设施等信息，并将资料留存。一般来说，重要说明由买方和卖方的中介公司人员共同参与，减少了验房后发现隐藏的瑕疵的现象。

在日本，卖方还款与买方贷款无缝连接，在签约阶段，卖方、卖方贷款银行、买方、买方贷款银行、中介公司五方面谈，资金直接由买方的贷款银行流向卖方贷款银行，无需资金监管。登记则由行政书司负责，行政书司是办理登记的执证专业人员，在分析资料的基础上判断房屋能否登记。即在买卖双方还款、贷款无缝连接的同时，登记虽然实际上是第二天或者第三天完成，有一定的时间差，但是基本上可认为无缝连接，交钥匙也都在同步进行，保证了资金安全。

（三）交易后：售后服务

消费者毕竟不是房地产专业人员，即便多次看房，入住之后还是会发生一些问题，日本会提供房屋检验的售后服务，以解决消费者交房后的不安。这部分将在服务内容中为大家更详细介绍。

上述提及的重要说明、信息共享，在日本法律上均有明确规定，而五方面谈则是行业人员为减少交易风险形成的商业习惯，通过法律、商业习惯的完善和丰富的售后服务，保证销售系统的安全。

三、销售人员

（一）销售人员的三大素养要素

销售人员的三大素养要素是热情、知识和诚信。特别在日本，大型中介企业并不

需要销售人员快速地销售一户住宅，而是希望其诚信获得客户中肯评价，让客户成为企业的忠实粉丝，因此在诚信方面要求非常高。在知识层面上，日本的销售人员不仅需要了解房地产方面的知识，也需要了解固定资产税、继承税等与房地产关联密切的税务方面的知识以及购买住宅的补助政策等。政策在不断更新，需要销售人员具有一定的知识储备，并掌握最新动态。

（二）销售人员的要求

日本的销售人员一般都是大学毕业生，大型中介企业入职门槛会更高。求职者一般在大三得到公司内定，大四考取经纪人资格证书，或进入公司两年内一定会被要求考取资格证书，因此日本大型中介企业的销售人员可以说百分之百是持证上岗。

进入公司之后的六个月内，他们不允许单独接待客户，一边研修一边进行 OJT 培训（老职员带新职员体验业务），循环往复，不断累积经验。

日本的销售人员的薪酬待遇，以固定薪酬为主，绩效奖金为辅。销售人员的工资在整个行业中处于中上水平，是一个值得尊重的职业。企业给予销售人员固定薪酬，花费精力培养，相比于快速销售一户住宅，企业更希望销售人员能够形成标准的服务流程，通过标准流程减少工作漏洞，比如接听电话必须记录需求，接待客户或者签约等时需要两名销售人员对应等，为客户提供优质的服务。

（三）销售人员的晋升状况

在日本，担任管理职位最少需要八年的时间。新职工入职分配后，先掌握礼仪等基本规则及业务知识，从事基础性工作。业务担当阶段，培养公司内外与业务相关的沟通协调能力，能够独立完成业务。最快第四年开始成为业务主任，作为业务核心，除日常业务外还需要应对相对复杂的工作，并能够对后辈进行指导。最快从第六年开始成为干部培养对象，具有一定的规划力和判断力，辅佐店长和副店长对业务进行统筹规划。最快从第八年开始成为店长或副店长，作为管理职位，要求具有一定的领导及培训能力，能够调动下属积极性，带领团队完成既定目标。

关于日本的离职率，野村不动产中介为 3% 左右，整体大型中介公司在 5% 左右。也就是说，日本有很大一部分优秀的销售人员，或者是经验丰富的销售人员在为顾客提供服务。

四、服务内容：野村不动产中介的服务案例

（一）对卖方的服务

当有客户要卖房时，野村不动产中介将会为卖方提供如下服务：一是安排住宅专家对房屋进行检查，对设备进行修理和更换；二是对空房进行家具摆设；三是对居住中的住宅进行室内整理、家具摆设和室内保洁，以提升购房者的购买欲。

（二）对换房者的服务

当有客户想换房时，可能会存在资金周转问题，野村不动产中介一般会为其提供过桥贷款，将贷款转给客户要购买房源的业主。如果购买的是野村不动产中介的新房，将不仅为其提供过桥贷款，而且在一定期限内如果旧房子未能出售，野村不动产中介将会按照销售价格买入，让换房者安心换房（见图 2）。

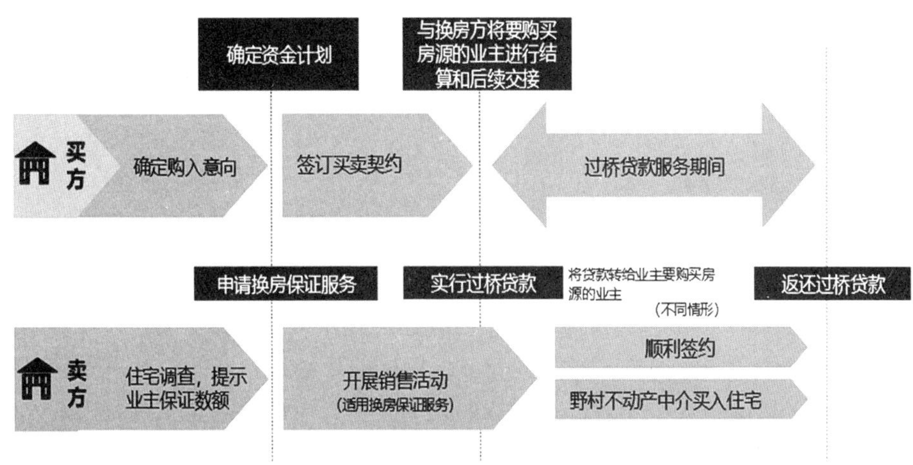

图 2　野村不动产中介服务案例

（三）对购房者的服务

购房者入住之后，野村不动产中介将提供 365 天、24 小时、购买后 10 年的全天候服务，搬到购买物业后 8 天至 1 年的期间，将安排专业人员进行设备检点和修理，还会为购房者提供 8 选 3 的保洁项目（在厨房、吸油烟机、浴室、化妆台及卫生间、空调、落地窗、阳台、玄关附近 8 项选择 3 项），由专业的保洁人员提供上门服务。

（作者单位：日本不动产研究所）

美国房地产经纪行业发展趋势

李秀娟

摘　要：本文分析了买卖主视角下美国房地产市场的四个大趋势，及房地产行销趋势。美国经纪人虽然利用视频等有创意的方式行销房地产，但不会让电子服务超越经纪人一对一真心的关怀。同时，本文介绍了美国房地产经纪市场中的干扰者，如Zillow、Redfin、Opendoor、Amazon、Compass等，及笔者所在公司KW科技的理念、管理系统，并提出科技是提高效率的推动力，经纪人本身的努力和投入才是交易成功的决定因素，经纪人永远是交易的核心。

关键词：美国；房地产经纪行业；发展趋势

一、买卖主视角

从买家和卖家的角度来看，美国的房地产市场有四个大趋势：第一是房价趋势，美国从去年秋天开始房价稍微有所下降，但是今年春天之后房价又缓缓上升了。第二是房贷利率趋势，目前比去年有所下降，但是与历史相比还是处于较低水平，所以预计美国房贷利率还是会上涨。第三个趋势是，高比例的购房者集中在千禧年一代。在美国习惯把买房人群分为三类，因为他们买卖房子的习惯不同，看房子的习惯不同，1946～1964出生的是婴儿潮一代（Baby boomer），1965～1980出生的是X世代（Gen X），1981～1996年出生的是千禧年一代（Gen Me，也称为Y世代Gen Y），这样的分类可以帮助经纪人针对不同人群制定行销方式，为客户量身制作。第四个趋势是，预计2019年美国的房贷主中，45%的贷款是千禧年一代，37%是Gen X，17%是Baby boomer。

二、房地产行销趋势

美国房地产行销的趋势：第一是利用视频；第二是借助社交软件增加可信程度；

第三是需要有创意行销的方式，根据不同人群提供最正确的营销方式；第四是不要让电子服务超越一对一真心的关怀；第五是找到客户喜爱的通讯方式；第六是便利的房地产专用网页；第七是突出品牌。

三、市场干扰者

在美国的房地产经纪市场中有很多干扰者，比如 Zillow、Redfin、Opendoor、Amazon、Compass。目前，美国全国房地产经纪人协会大概有 600 多个 MLS，有的分地区性，有的分城市，有的分州，不同于加拿大的 MLS 是全国一个系统，因为利益不同。

首先介绍一下 Zillow。在美国通过 Zillow 确实可以看到很多房源，但是我们没有花钱去做，因为我们觉得最有效的方式是，加强跟客户的关系和联络的方式，增加我们的可信度。第二，Redfin 是专门帮忙卖房的，Redfin 的房地产经纪人是有底薪的。第三是 Opendoor，现在美国有 20 个城市有 Opendoor。Opendoor 的网络很简单，如果你有房源，先把你的信息输入进去，很快告知你的财产是不是在 Opendoor 所服务的城市。然后对房源进行审查，最快五天之内给你一个 offer，即愿意用多少钱跟你买这个房子，如果双方同意，会来检查房子再进行详细的沟通。第四，Compass 会用钱去挖各个公司的金牌经纪人，或者是直接买公司。Compass 在旧金山可能有超过 40% 的门店，就是通过买下旧金山最大的公司，有点像是一个包头公司。第五是 Amazon，在美国网络购物主要是通过 Amazon，所以 Amazon 的客源都有了，如果 Amazon 进入房地产市场的话，笔者觉得它的影响力会很高。

四、KW 科技

（一）科技的作用

在美国房地产公司对科研的投入资金很多。笔者公司 KW 的创办人 Gary Keller 在两年前就说："我们不再是一个房地产公司，我们是一个科技公司，在房地产业服务。"那时他就希望能够做一个系统来帮助所有的 18 万经纪人，而且是由我们金牌经纪人自行设计，为所有的经纪人服务的。科技平台是为了帮助所有的经纪人有更强大、更好的生意，而不是要取代经纪人。也就是说，提倡科技的原因是为了使我们的经纪人给客户提供最全面、最满意的服务。

（二）KW 管理系统

KW 经纪人是一站式从头到尾操作的管理系统，所有的客户从介绍进来，到结束交易，再到后续的维护都在这里。分享一下详细的操作。

1. 客源

KW 最重要的是 Contacts，也就是客户信息，因为每个客源都是我们的财富。很多中国客户讲在中国买房，成交就是绝交，买了房子之后再没有人跟你联络，而在美国将近 50% 的成交量是回头客介绍的，我自己一年成交量的 92.5% 是我的客户跟人介绍，或者是别人看到我的网评来找我的。

首先，KW 储存了所有的客户信息，包括客户的电话、住址等。其次，KW 便于对信息进行分类，比如把客户分为美食组、旅游组等。同时，KW 记录了所有的沟通历史，包括客户的电子邮箱、脸书、Twitter、Facebook 都链接在一起，所以客户在任何网站上的活动我们都可以知晓。

2. 私人化网络主页

我们可以根据客户对于房源的兴趣爱好，经过大数据私人订制出每位客户的主页，随时向他们发送最新讯息，进一步沟通联络。

3. 行销

KW 把所有行销策略集合在一个系统内，不需要再花费额外的费用。经纪人的重点只是要找客源，把客源保护好，而不是做更多行销的工作。

4. 电子监控交易流程

KW 个人交易全部透明化，全程监控个人销售流程和收支情况。包括客户想买什么样的房子，双方谈成的价格，以及所有的交易证件等都会放进系统里。

截止到今年 3 月 31 号，KW 有 18 万会员，一季度系统新增人数接近 2000 万。另外，美国的房地产经纪人可以互相介绍、相互举荐，都通过系统，非常节省时间。今年一季度举荐客户数为 67 162 人，平均每天 150 位客户左右。

五、经纪人是交易成功的决定因素

科技是提高效率的推动力，经纪人本身的努力和投入才是交易成功的决定因素。美国全国房地产经纪人协会一直坚持，即使我们现在有再好的东西，也一定要让经纪人继续保持这个职业，千万不要用科技把经纪人取代了，这绝对不是我们要做的。

经纪人才是交易的核心，科技作为辅助。要把科技变成房地产界的好友、我们共同的伙伴，而不是房地产的敌人。我们做系统，就是为了帮助经纪人做更多的生意，利用数据和科技可以更高效的工作，得到更准确的结果。

现在很多公司在投入资金，希望可以将房地产业务做得更好，我们可以看到，中国的公司进步非常神速。但是有一点我建议大家，无论你的系统多好，你的硬件多好，人和人之间的信任一定要做到，这样我们的路才可以走得更远，才可以做到真正的合作。

（作者单位：美国房地产经纪人协会）

加拿大房地产经纪行业的道德规范

麦文华

摘　要： 加拿大房地产经纪人需要遵守加国房地产协会道德准则、卑诗省房产局合作规则以及接受卑诗省地产议会的调查。本文分析了以上三个不同部门对加拿大房地产经纪人制定的道德规范和一系列行业规则，房地产经纪人必须严格遵守。如违反相关法规，将面临高额罚款，处罚信息将通过网站公开。隐瞒房屋缺陷、编造谎言、收取佣金以外的费用、专业上的不当行为等情况都将被调查处罚。

关键词： 加拿大；房地产经纪行业；道德规范

笔者所在的公司科威国际不动产（KW）成立已经107年了，在全球49个国家有3100个办事处。加拿大的房地产经纪行业都是良性竞争，本文介绍一下加拿大房地产经纪行业的道德规范。

一、如何理解房地产经纪人员的职业化与专业服务

加拿大的MLS系统是整个国家统一的，与美国不太一样。在加拿大，被称为REALTORS® 的房地产专业人士意味着他们隶属于加拿大房地产协会（CREA）会员，而且必须遵守REALTORS® 的行为标准、专业操守和优质服务保证。房地产专业人士的行为不能损坏个人的名誉和协会的声誉，也不得损害其他房地产专业人士的名誉、前途或业务，包括广告的标准也是不得诋毁其他会员，否则协会和委员会合作调查这个事情。

二、加拿大房地产经纪行业的道德规范

加拿大房地产经纪人需要遵守的道德规范包括加国房地产协会道德准则和卑诗省房产局合作规则，另外还要接受卑诗省地产议会（Real Estate Council of British

Columbia）的调查，由三个不同的部门来制定，确保经纪人不会犯错。

（一）加国房地产协会道德准则

CREA 和 CIREA 一样是国家级的行业协会，早在 1959 年就建立了 CREA 会员特有的第一个道德准则。该标准确保保护房地产服务消费者的权益，其关键内容包括：（1）房地产经纪人必须以书面形式披露他们在交易中代表的代理人，并在交易中向当事人解释代理关系的细节；（2）房地产经纪人不能隐瞒他们是房地产专业人士的事实，而直接或间接地获得财产权益。比如说笔者自己要买房，或者是笔者的亲戚朋友要买房，一定要填写一个表格，如果被发现有隐瞒一些事情，会受到相应的惩罚。

（二）卑诗省房产局合作规则

卑诗省有三个不同的地产局，都有同一个合作规则（BC Rules of Corporation）。如果未遵守合作规则将会面临纪律处分，包括罚款和暂停 MLS 特权。主要涵盖以下内容：（1）MLS 列出合同和数据使用的准确性；（2）准确的广告（包括房型、房间数等）；（3）保密和优惠介绍（比如卖方有一些额外的奖金给买方经纪人）；（4）报告销售情况（包括成交价格）；（5）专业行为：合作经纪人（卑诗省是全北美唯一一个省份买卖双方不能为同一个中介，双方的经纪人之间需要合作）；（6）佣金。

（三）卑诗省房地产议会

房地产交易受到卑诗省房地产议会消费者保护法（C2A）的监管，持牌房地产专业人士必须做以下事情：（1）向消费者提供有关佣金和费用的信息；（2）告知客户和不使用经纪人代表的责任和义务；（3）告知如果不使用经纪人代表，消费者与卖方代理人打交道的风险；（4）在房地产交易中仅代表卖方或买方。

加拿大整个国家的中介数量有 13 万左右，比起中国，这确实是非常小的数字，但是在卑诗省大概有 25 000 名中介。罚款方面，经纪人最高罚款 25 万加币，店东最高罚款 50 万加币。而且如果议会确定要给经纪人定罪，所有的信息都会在电视台媒体上公告。

具体来讲，卑诗省房地产议会调查的事项包括：（1）错误处理定金存款；（2）隐瞒房子缺陷；（3）造谣：不仅包括“失实陈述”，还包括自己加入编造的谎言；（4）未经授权签署文件；（5）规定佣金以外的收入；（6）专业不端行为，包括不称职和行为不专业的持牌人。一经定罪，判决要在房地产议会的网站上公布五年、十年甚至无限期，具体取决于所施加的惩罚。

其中，对于地产局的持牌经纪人，受合作规则的约束，如果违反规定会被惩罚，但该经纪人的错误做法不会被公开。对于非地产局持牌经纪人，如商业房地产经纪人高力国际、CBRE 等，如违反规定，仅受消费者保护法规则的约束，错误做法将被公开。

三、纪律处分案例

第一个案例，理事会曾公开了一条记录处分，一位列治文的房地产经纪人因为未经买方批准签署合同，并帮助买方违反联邦财务披露规定，而被停职九个月，并处予7500加币罚款。根据监管机构的描述“当她作为买方的代理人时……故意协助买方避免加拿大金融交易和报告分析中心（FINTRAC）制定的规则和要求，让买方直接向她个人账户转账，并故意隐瞒这个事情”。FINTRAC是加拿大的金融情报部门，其任务是促进侦查，预防和威慑洗钱和资助恐怖活动。

第二个案例，一位北温哥华房地产经纪人因为篡改房屋购买要约合同而被停牌九个月，并被要求支付超过46 500加币的罚款，他还必须支付并完成道德和尊重沟通的课程。这位经纪人承认了自己通过伪造或私自更改要约合同犯下了专业上的不当行为，也承认了自己威胁他的合作经纪人的不得体行为，其执照被暂停，罚款，并被公共记录。

第一个案例和第二个案例都被公告在媒体上，所以全国人民都能看到他们两个人犯的错误。

第三个案例，Provencher女士在担任Royal LePage Westwin Realty房地产经纪期间，作为买方代理人帮助购买Kamloops的房产时，产生了专业上的不当行为：当她知道自己的客人养宠物的时候，并没有确保这个即将购买的公寓是允许养宠物的。因此这位地产经纪被停职14天，并处予2500加币罚款。

第四个案例是关于专业不端行为和不合格的经纪人经理，在加拿大对房地产经纪经理的规则包括：（1）监督；（2）了解不当行为；（3）账户和记录；（4）关于存款的各方面通知。案例中梁先生在担任New Coast Realty的房地产经理期间产生了专业上的不当行为：允许没有执照的人员从事房地产经纪工作并获得房地产公司的报酬，并允许助理经纪人在执业范围外从事房屋出租；没有储存管理好房地产相关的账簿和记录；房地产交易支票没有存到正确的信托账户，而导致信托账户中出现欠款，而且四个月之后才通知理事会。所以罚款1万加币，停牌45天。

四、房地产状况披露声明

图1中的两张表格，一个是别墅/独栋，另外一个是公寓。在加拿大，卖家必须填好披露“自住”房子的情况表格，如果未来房子出现诸如漏水等问题，中介不需要负任何责任。

别墅 / 独栋　　　　　　　　　　　　公寓

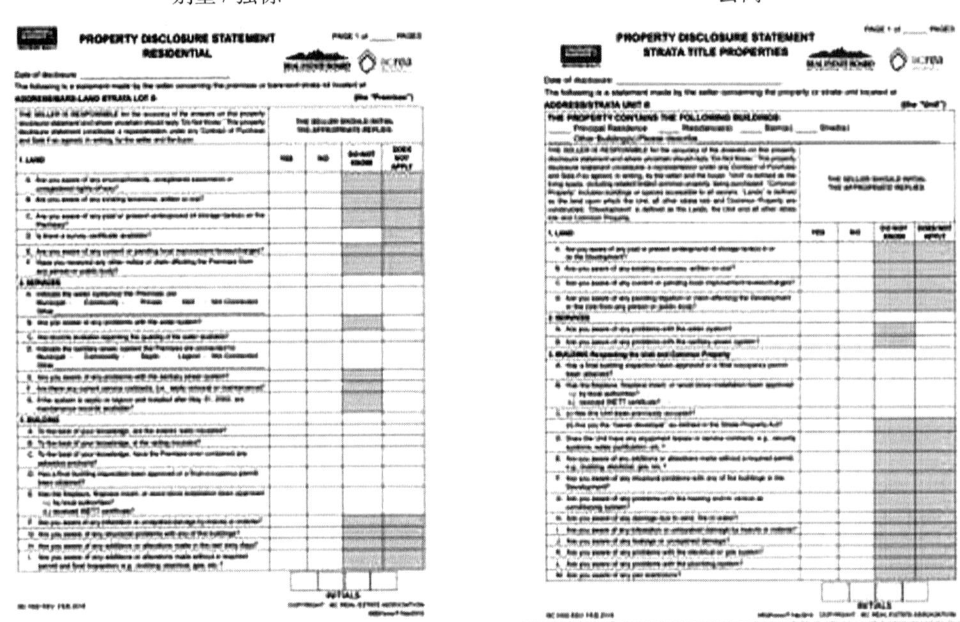
PROPERTY DISCLOSURE STATEMENT
RESIDENTIAL

PROPERTY DISCLOSURE STATEMENT
STRATA TITLE PROPERTIES

图 1　房地产状况披露声明

五、关于骚扰电话

在中国会有很多经纪人打骚扰电话来询问你卖不卖房子，在加拿大，联邦政府的 National Do Not Call Registry 是一种免费、简便的方法，可以减少在家中接到营销的电话，被其所记录的电话号码将无限期地保留在国家黑名单上，永远不会再打给你。

六、经纪人的价值不可替代

经纪人的服务才是最重要的，我们要诚实，要以人为本。在加拿大经常会有客户愿意帮经纪人写感谢信，如果客户愿意的话，也可以一起拍视频。有些客户和我已经认识了 10 年，中间很多交易都是委托我来做的，所以经纪人和客户的关系应该是终身的。中国现在可能都是 20 多岁的中介服务人员，但是在加拿大都是超过 50 多岁的中介服务人员，所以与客户建立长期的关系、赢得客户信任对我们来讲是非常非常重要的。

所以说，经纪人的价值不可替代，对消费者服务品质的提升，才是不变的价值规律。

（作者单位：美国亚裔房地产协会温哥华分会）

英国房地产交易纠纷解决机制及对我国的启示

王　霞

摘　要：英国房地产经纪业务委托模式与我国相同，都以多家委托、双边代理为主，这种模式容易产生房地产交易纠纷。英国通过设立房产监督官制度，快速、有效解决房地产交易纠纷，避免过度依赖司法诉讼，保障消费者权益，值得我国学习借鉴。

关键词：房地产交易；房地产经纪；交易纠纷；房产监督官

一、英国房地产交易概况

英国有 85% 以上房地产交易是通过房地产经纪机构成交的，经纪行业在房地产市场中发挥着重要作用。

（一）经纪行业概况

英国的房地产经纪行业历史悠久，19 世纪 70 年代就出现了由个人创办的经纪机构，19 世纪 90 年代开始，这个行业被大型的金融服务机构所操纵。直到 20 世纪末，独立的房地产经纪机构才又出现。英国目前约有 5 万～6 万名房地产经纪人，1.4 万个房地产经纪机构（含门店）。从机构规模上看，英国的房地产经纪机构普遍较小，一般为 10 人以下，有的只有一个人。较大的经纪机构只有几家，如 Knight & Frank、Connells、Savills、JLL 等。最大的一家公司员工近 1 万人，有 1200 多个门店。

英国的房地产经纪业务委托方式与我国相同，为多家委托，双边代理，即同一套房屋可以委托多个经纪机构代理出售或出租，经纪机构在交易中既代表卖方也代表买方，其服务属于居间行为，当然也有独家代理的情况。

与我国不同的是，英国经纪机构提供的服务内容较为单一，在买卖服务中主要提供房源发布及宣传、价格咨询、房屋带看、交易价格谈判等交易撮合、房屋查看、能源消耗情况调查等服务，其他房屋交易中所需要的房屋产权调查、物业状况及设施设备调查、合同签订、交易资金交割、产权办理等业务都由交易双方的代理律师完成。在租赁服务中主要提供寻找租客、收取租金、全程管理服务。

由于提供的服务内容较少，英国房地产经纪服务收费不高，房屋买卖经纪服务的佣金平均为房屋交易价格的 1%～2%；房屋租赁经纪服务的佣金为年租金的 10%～15%。房地产经纪佣金由卖家及房东支付。

（二）房屋交易的一般程序

英国房屋买卖交易的一般程序是：（1）卖方确定房屋挂牌价格、委托经纪机构出售。（2）经纪机构发布房源，进行宣传和联系买家。（3）卖方律师查询房源产权信息，确实应还贷款。（4）经纪机构撮合买卖双方谈判。（5）买方律师与卖方律师交换合同，协助划转价款，完成房屋交割。交易过程中买卖双方可能还会委托一些其他专业服务，如卖方委托保险公司提供的房屋改造安全保险以让买方放心，买方委托测量师进行估价、提供房屋质量检验报告，买方委托贷款经纪人寻找低利率贷款机构或贷出更多的资金等。

二、房地产交易相关制度

（一）房产监督官制度

在英国，房地产经纪行业的监管部门主要是地方政府的公平贸易准则办公室（Office of Fair Trading Guidelines，以下简称 OFT），及其批准成立的房产经纪偿付计划（Estate Agents Redress Scheme，以下简称 EARS），该计划主要是调查针对房地产经纪的投诉并给消费者赔偿，有许多机构可以组织实施该计划。根据《消费者、房地产经纪人和赔偿法案》及《2013 企业监管改革法案》，自 2008 年 10 月 1 日起，英国所有的经纪机构都要在一个 EARS 机构中注册。

房产监督官（The Property Ombudsman，TPO）是 OFT 批准的最大的偿付计划机构①，英国的房产监督官制度源于公共服务监督官。公共服务监督官制度最早诞生于瑞典，20 世纪初开始流行。20 世纪 60 年代英国引入该制度。该制度的起源是为了确保公共服务的公正性。监督官存在于公民和政府之间，具有相对独立性，其核心功能是调查投诉，给予补偿。后来一些私人服务领域如银行和保险业也引入该制度，以彰显行业对处理公众投诉的信心，提高行业的社会声誉。TPO 成立于 20 世纪 90 年代，由房地产经纪机构发起设立，后来通过立法明确了其地位，赋予其强制注册的准行政职能。

TPO 机构不是政府监管部门，而是一个非营利性机构，其直接对议会负责，有调查权和要求经纪机构给予消费者赔偿的权利。TPO 有 70 多名工作人员，20 个办公

① 此外还有一些其他小的计划，如国家批准租赁计划（National Approved Letting Scheme，NALS）。

室，1个房产监督官（the property ombudsman）。TPO的资金来源于房地产经纪机构的年费（每个门店每年交费200英镑），其调解纠纷不收取消费者费用。TPO提供的投诉处理机制是上诉至法院前的必经程序。

（二）交易资金监管制度

在英国，房地产买卖资金一般通过律师划转，租赁押金和租金一般通过房地产经纪公司划转。房地产买卖资金划转的程序是：（1）委托阶段：买卖双方各自委托代理律师。（2）协议阶段：卖方律师到登记部门查询房产信息，准备房屋法律信息报告，确定应还贷款金额；买方律师委托开展房屋调查，与银行接洽贷款事宜，买方准备首付款划转到买方律师账户。（3）交换合同阶段：买方律师将首付款通过指定银行划转到卖方律师账户，双方律师筹集完成交易所需的剩余资金。（4）收尾：卖方律师还清卖方所欠贷款，与买方律师交换房产证，将剩余交易资金划转给卖方。买方律师将房产证交给买方，交易结束。

为了保护租金和押金的安全，法律要求所有的经纪机构都要参加社区和地方政府部（Department for Communities and Local Government）授权的租房押金计划（Tenancy Deposit Scheme，TDS），否则被禁止营业。TDS的性质与TPO类似，是政府批准建立的租房押金保护和替代性纠纷解决供应商。另外，英国的职业保险制度健全，大部分经纪公司购买职业保险，较少发生经纪公司卷款交易资金逃跑等恶性案件。

三、交易纠纷解决机制

和大多数欧洲国家相同，英国的纠纷处理倾向于选择调解、仲裁而不是直接进行诉讼。英国的房地产经纪纠纷解决部门主要是TPO等承担有关计划的机构，苏格兰还有专门处理租赁市场纠纷的专家小组及仲裁机构（根据住房法案将要成立）。TPO解决争议的对象是加入其偿付计划的会员机构，截至2014年底，有1.2万个经纪机构的2.5万个门店是其会员。

争议处理的程序是：（1）消费者于事发后12个月内向经纪机构提出书面投诉。（2）接到投诉后，经纪机构于8周内给出书面反馈（如果投诉3次都置之不理，消费者可以直接向TPO投诉）。（3）如果消费者对经纪机构的解决方案不满意，应于6个月内向TPO投诉。（4）TPO收到投诉后，组成联系小组，对投诉进行评估是否属于TPO的解决范围，如果属于其解决范围，则尽量争取双方调解。60%的争议通过调解得到了解决。调解解决不了的，则进入正式调查阶段，根据双方提交的证据材料、法律规定、行为准则、监管要求等提出解决方案。提出解决方案前，会征求争议双方的意见。如果双方不接受，则进入正式评估阶段，由个案小组形成正式评估报告和处理意见，在有些情况下，会采取听证的形式。处理意见提交给房产监督官签署生效，一旦生效后，经纪机构必须接受，不能改变。TPO不能对经纪机构罚款，但可以做出决定给消费者赔偿，80% 的赔偿在 500 英镑以下，TPO 最多可作出给消费者 2.5 万英镑赔偿的处理决定。（5）如果经纪机构对 TPO 的处理决定不服，可再上诉至法院。

四、对我国的借鉴与启示

（一）建立灵活有效的房地产交易纠纷解决机制

英国重视在房地产交易中维护消费者利益，不仅有专门的立法，还建立了灵活有效的争议解决机制。考虑到法律诉讼的时间较长、成本较高，英国在处理房地产交易纠纷及服务争议时通常鼓励采用非正式的纠纷调解方式，由偿付计划、押金计划等政府认可的资金计划加以保障，由第三方机构承担，有效化解纠纷和投诉，能确保对消费者损失给予补偿。这种纠纷解决方式，可以充分发挥民间团体的作用，有效地避免法律和行政资源浪费，还可以快速、有效地化解矛盾，避免矛盾激化。我国目前处理投诉的部门主要是政府主管部门，由于行政力量不足，许多行为没有处罚手段和依据，没有赔偿资金来源，处理手段有限，使得矛盾纠纷得不到有效化解，买方通常处于弱势，其利益难以得到有效保护。一般将其推向漫长的诉讼途径，争议解决的效率很低。

建议我国充分发挥民间团体（或协会）在房地产交易纠纷处理中的作用，拓宽消费者投诉解决渠道；借鉴英国的偿付计划、我国台湾地区的交易保证金制度等，建立消费者赔偿基金，提高争议解决的有效性。

（二）重视对房地产经纪机构的事后监管

虽然英国政府对设立房地产经纪机构及个人从事房地产经纪业务没有明确的准入门槛，但根据法律规定，经纪机构要到政府认可的 TPO 等偿付计划承担机构进行注册，如果经纪机构有违规行为且被消费者投诉，TPO 可做出赔偿决定。对不加入计划的经纪机构，OFT 可做出处罚决定。由于 TPO 和 OFT 可以采用经济手段制约房地产经纪机构，使得这种注册带有强制性，可以有效地对房地产经纪行业进行管控。苏格兰的注册制度则更严格，直接由政府部门依法实施。我国目前对经纪机构实行照后备案制度，对不备案的机构没有处罚权力，处理投诉也没有做出赔偿决定的权利，可以说，对房地产经纪行业的监管没有抓手，监管是缺位的，这也是经纪行业混乱的根源。

建议在推动立法的同时，进一步研究完善房地产经纪机构备案制度，同时结合房地产经纪专业人员水平评价制度，完善房地产经纪行业信用体系。逐步建立行业闭环监管运行机制，综合运用行政、经济、法律手段约束经纪行为，维护房地产交易秩序。

（三）注重对开展租赁业务的经纪机构的监管

英国政府非常注重保护承租人权益，对从事租赁业务的经纪机构的监管也更加严格。如苏格兰对从事租赁业务的经纪机构实行强制注册制度。对新设立的房地产租赁经纪机构需要做适当的评估，包括有无刑事犯罪记录、有无违反房地产管理规定的记录等。如果中介机构不注册就开展租赁业务，则属于刑事犯罪，最高可处 5 万英镑的罚款或者监禁。同时，政府会定期对中介机构的管理者提供法律法规和租赁合同等方面的强制培训。苏格兰还成立了专门的专家小组（Home owners housing panel）用于处理住房租赁纠纷。专家小组的仲裁是法律诉讼的必经程序。专家小组隶属于苏格兰仲裁机构，提供免费服务，其经费来自政府公共资金。专家小组一般由 3 人组成，包括律师、房地产专家、估价师等专业人士。

建议我国在现行房地产经纪机构监管基础上加强对从事租赁业务的经纪机构的监管，借鉴英国经验，设立专门的住房租赁纠纷解决机制，更好保护承租人权益。

（作者单位：中国房地产估价师与房地产经纪人学会）

后疫情时代及大变局下房地产经纪行业发展的思考

刘东颖

摘　要：后疫情时代，企业是否有韧性、适用性的关键是对业务连续性的管理。客户服务不要一单一式，要运营客户租房、买房、换房的全生命周期。房地产经纪处于居住生活立体交叉的生态圈内，行业生态不断演进，经纪企业要根据行业动态变化及时调整战略。疫情发生后，我爱我家迅速实施了数字优先等举措，收获显著。

关键词：房地产经纪行业；新冠肺炎疫情；行业生态；我爱我家；数字化

一、疫情的直接影响及应对措施

在疫情期间，各企业不同程度地采取了一些行动来应对疫情带来的冲击，包括：建立疫情应对框架，监控疫情形势以判断严重程度变化，重新审视财务和资金的影响，建立疫情沟通程序，审视疫情对业务运营的影响，审视 IT 措施及考量，重新审视疫情应对计划，以识别和缓解存在问题的部分，事后回归等几个方面。

二、房地产经纪行业业务特点及生态

（一）房地产经纪处于居住生活立体交叉的生态圈内

如图 1 所示，房地产经纪行业所处的生态圈分为四个圈层，首先内圈是企业内部，第二圈是行业内部，第三圈是跨行业，与行业产业链紧密相连的机构，第四圈是整个社会，这四个圈层决定了行业生态，且不断演进。企业在明确自我价值的同时，也要明确客户、合作者等关联价值，并思考各自可以为对方创造什么价值、合作可以创造出什么新价值，包括产品、服务、资金、数据等，经纪企业要实时关注整个行业动态变化并及时调整战略。

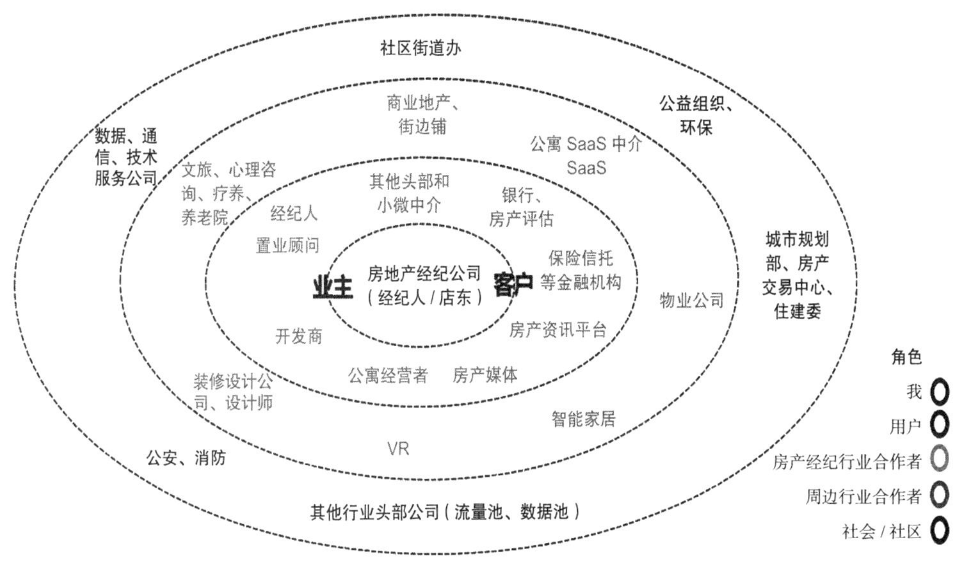

图 1　房地产经纪行业生态圈

行业所处的生态圈决定了企业战略要怎么设计。对企业来说，一切都要围绕客户亲密、产品服务、运营卓越这三个维度打造自身实力，并在这三个维度中找到自身优势。不同于华为、苹果等科技企业，房地产经纪企业要认识到，经纪行业的产品与服务具有固定性，因此在服务方面，企业应把工作做得更细致，做到数字化。客户亲密应是经纪企业下一步发力的重点，也是企业定义自己和立足行业的关键。

（二）服务于客户整个生命周期

经纪人如何把服务做好？涉及很多举措，最基本的一点是，为客户提供服务时要有生命周期思维，擅于与客户租房、买房、换房、房产投资等一系列过程产生联系，要以经纪服务为抓手，去拓展更多场景与洞察更多商机。

（三）做好业务连续性管理以提升企业的韧性

企业要做好业务连续性管理以提升企业的适应性与韧性，未来的变化性是对企业业务连续性管理能力的考验，这也决定了企业何去何从。如疫情期间，客户需求被压抑，随着疫情有所缓解，需求逐渐得到释放，加上政策支持等外部条件，行业回归到常态。在这个过程中，做了充分准备工作与长期储备的企业会往更高层面发展，走向重构或爆发；反之，未做充分准备的企业业绩则会下滑，甚至可能退出市场。

1. 业务连续性管理计划阶段

准备“业务连续性”计划的最佳时间是在昨天，次佳时机就是今天。事件发生从几分钟到几小时应该有什么响应机制，在几周之内怎样让业务尽快恢复，在几个月之内如何能让业务回归到常态。这些是做业务连续性管理计划方方面面要考虑的事情（见图 2）。

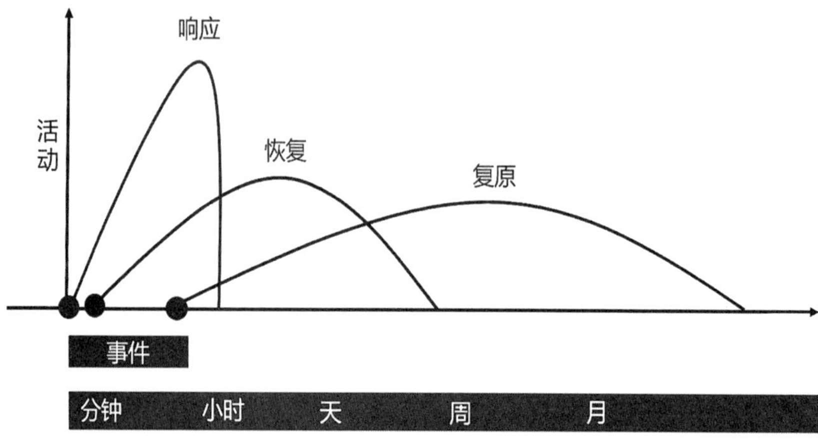

图 2　业务连续性管理计划阶段

2. 优先顺序——从计划到执行到价值创造

业务连续性管理从计划到执行再到价值创造有一些优先顺序。比如，疫情发生短期内，我们就只想到了佩戴口罩、远程办公或者给员工进行一些保护的政策等。长期来看，就要考虑到企业的成本优化、供应链、数字化转型、文化变迁、适应性治理、行业影响，等等。只有当这些方面都考虑到的时候，才可能会带来新的运作模式的改变（见图 3）。

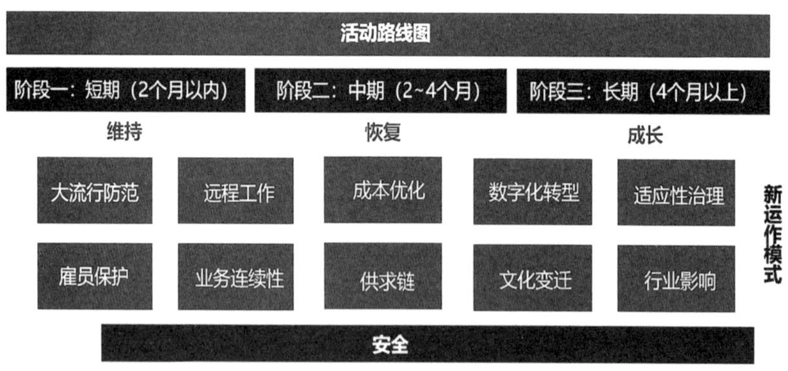

图 3　业务连续性管理的优先顺序

3. 长期结构化变革规划

长期结构化变革规划包括营收和运营的风险，成本优化，荣誉、社会和品牌风险，以及健康和安全这几个方面。

4. 告知董事会不同技术如何助力弱化疫情的影响范围

对企业来说，运用好科技的能力是非常关键的。如表 1 所示，首先，科技对品牌的影响力，在变革方面是比较高的，对技术的依赖程度上也比较高，投资要求相对来说是中度的，技术手段方面需要做数字化营销。

运用技术弱化疫情的影响范围　　表 1

董事会的顾虑	变革象限	技术依赖	投资要求	技术手段	回报周期
品牌影响力	高	高	中	数字营销	1 ～ 3 个月
员工安全性	高	高	高	线上办公	即时
客户安全性	高	高	高	平台模式，自助交付	6 ～ 12 个月
利益相关人沟通	中	中	中	智能机器人，人工智能	6 ～ 12 个月
供应链可靠性	高	高	高	合作生态系统，区块链	12 个月以上
企业核心竞争力	未知	高	高	人工智能，机器学习，相关产业投资	12 个月以上

其次，员工的安全性也非常重要。疫情期间所有员工都是远程办公，不仅能够在计划内把原有工作完成，同时随着疫情演变，还实现了线上签约、人脸识别、VR 看房、AI 讲房等，保证了员工的安全性。

第三，在客户的安全性方面，我们也帮助客户做一些自助交付工作，比如业主可以自主去挂房源信息，还有客户在国外就可以跟我爱我家签约。

第四，还有一些利益相关人的沟通。这方面我们也做了很多措施，比如智能机器人，一切与客户的交互过程经纪人实时就可以借助智能机器人推送更合适的房源，并很快地提交给客户。

第五，关于供应链可靠性。对上下游相关联合作提供服务的企业的业务连续性能力也需要做一个评估，使我们能够得到足够的保障。

第六，就是企业核心竞争力。包括人工智能、机器学习、相关产业投资等。

在做企业业务连续性能力打造时，除了总览全局外，也要分产品线或服务线去看，要具体区域具体分析，将业务分解成颗粒度，以达到可执行标准。

三、技术帮助我爱我家浴火重生的几个关键

疫情发生后，我爱我家迅速实施了数字优先举措，收获显著。

（一）赋能员工远程高效协作及业务运营

一是协同办公平台飞书投产，整合即时沟通、日历、在线文档、云盘、应用中心等功能于一体，提升企业办公效率、降低企业管理成本、提升企业内部活力与创新性，为我爱我家带来管理思维和效率的双重改变。二是招聘、培训等业务全线上。三是智多星员工自助问题解答，员工有什么不懂的问题，都可以实时通过机器人智多星的知识库来帮助员工解答。四是智能自动外呼，当前我们的日常业务中，有大量的集中外呼电话需求，如客户回访、带看确认、相寓续费通知等，全集团全年累积有数百万的外呼量。自动外呼语音效果逼近真人，对应答的理解能力、应对处理能力很

强，提升了业务支持能力，降低了业务处理成本。

（二）打造极致客户体验

一是官网AI智能语音讲房，在构建三维实景动态的基础上无缝衔接AI智能算法，自动生成讲稿文本，转化成线上智能语音讲房。二是官网VR带看，颠覆了传统的看房模式。特殊时期，不进小区也可以邀约客户随时随地看房，实现线上的零距离服务。三是线上签约。四是补充协议线上电子签章，原部分需线下盖章的补充协议转为线上电子签章的方式，有效减少疫情期间的人员接触，提升了无纸化办公能力。五是智能应用，包括个性化、实时推荐、房客人的精准匹配、智能聊天等。六是业主周报，每周给业主推送上一周发布房源情况，包括浏览、带看、关注情况，同小区和同商圈相似户型的新上成交状态，帮助业主了解房子的动态信息。七是爱聊，保证消息及时送达率，并实时了解客户。

（三）赋能经纪人高效作业

一是手机端远程编辑、发布官网房源信息。我爱我家经纪人App新增加“房源管理”功能，经纪人可以在手机端远程编辑、发布官网房源信息。二是移动化房客源维护、公客查询，声音提醒。为配合北京公司经纪人在家办公的需求，承接了App房、客源信息修改，公客查询、写跟进，补充协议在手机端审核，委托书附件上传的需求，预计陆续在2月底、3月初上线。为发送到App的审批待办任务增加消息推送、声音提醒，加快审批速度。

希望未来，我爱我家能为这个行业带来新的生机和活力，在这个领域进一步深耕，为客户创造新的价值。

（作者单位：我爱我家集团）

疫情下房地产经纪行业发展情况的调查分析

涂　丽　王明珠

摘　要： 疫情以来，房地产经纪行业受到冲击和影响，根据中房学2020年7～8月开展的问卷调研结果显示，大多门店于3月后复工，复工后面临的最大困难是客源减少、带看难度加大，线下带看量减少，倒逼机构创新线上服务方式，线上咨询量增加；一半以上受访者表示上半年买卖与租赁经纪业务成交量缩减，租金价格受疫情影响较大，超六成经纪人员收入减少，人员离职情况普遍；经纪人员信心正在逐步恢复，约2/3的受访者认为3季度房地产市场变化总体平稳或向好发展，当前房地产经纪行业发展前景广阔或平稳发展，且愿意在行业长期发展。

关键词： 疫情；房地产经纪；调研

为全面了解疫情对房地产经纪行业带来的冲击和影响，以及疫情常态化防控阶段行业发展情况，中房学于2020年7～8月请各地方房地产经纪行业组织协助开展了疫情下房地产经纪行业发展情况的问卷调查，共收到84个城市的调查问卷3239份。根据调查问卷填写情况，形成了本报告，具体内容如下。

一、疫情对房地产经纪行业的影响

（一）房地产经纪门店大多于3月之后复工

受疫情影响，3月以前复工的门店仅占20.74%，大多门店于3月之后复工，其中，67.72%的门店于3～4月复工，11.02%的门店于5～7月复工。另外，调研显示，仍有部分门店至8月仍未复工（见图1）。

（二）线下带看量减少，线上经纪服务方式增加

疫情导致线下带看房量骤减，倒逼房地产经纪机构创新服务方式。调研显示，疫情以来，受访者所在门店线下带看量减少的占45.22%，VR或直播看房、网上签约服

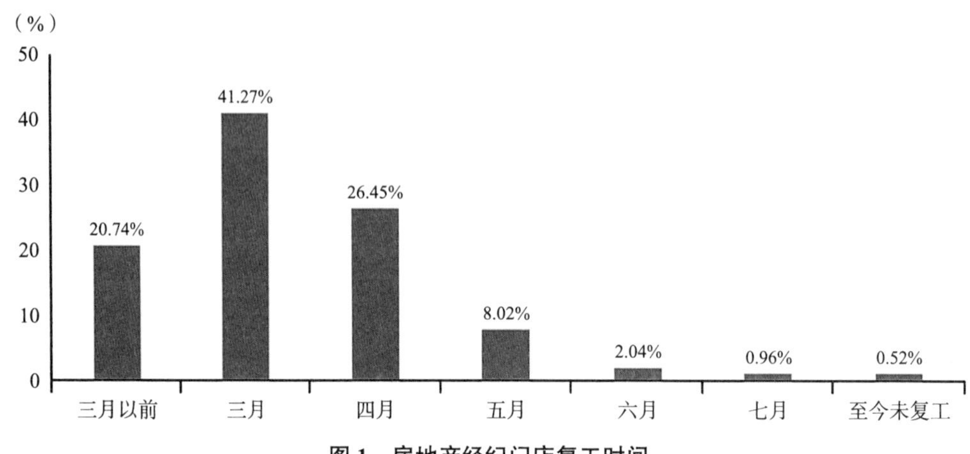

图1 房地产经纪门店复工时间

务、贷款网上面签等线上经纪服务方式增加。57.23% 的受访者所在门店新增 VR 或直播看房服务方式。线上服务方式突破了物理局限，一定程度上破解了疫情期间实地看房、交易推进等难题。此外，调研显示，51.4% 的受访者表示微信、网站等在线咨询业务增加，约 40% 的受访者表示老客户转介绍增加。

（三）上半年超六成房地产经纪人员收入减少

60.81% 的受访者表示，今年上半年收入同比减少，且调查结果显示，受访者中工作年限越长的，收入受冲击的人数比例越高。22.65% 的受访者表示收入未有影响，但也有 16.54% 的受访者反馈收入未减反增（见图 2、图 3）。

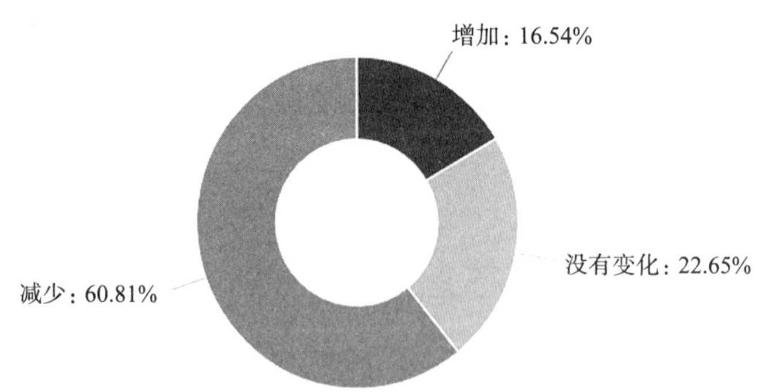

图2 疫情对房地产经纪人员收入的影响

（四）上半年离职情况普遍，离职率 10% 以上的门店约占 60%

调研显示，受访者所在门店上半年没有离职的仅占 13.68%，离职率在 10% 以上的占比达 57.96%。其中，离职率在 10%～30% 之间的占 33.73%，离职率在 30%～50% 之间的占 13.96%，离职率高于 50% 的占 10.27%（见图 4）。

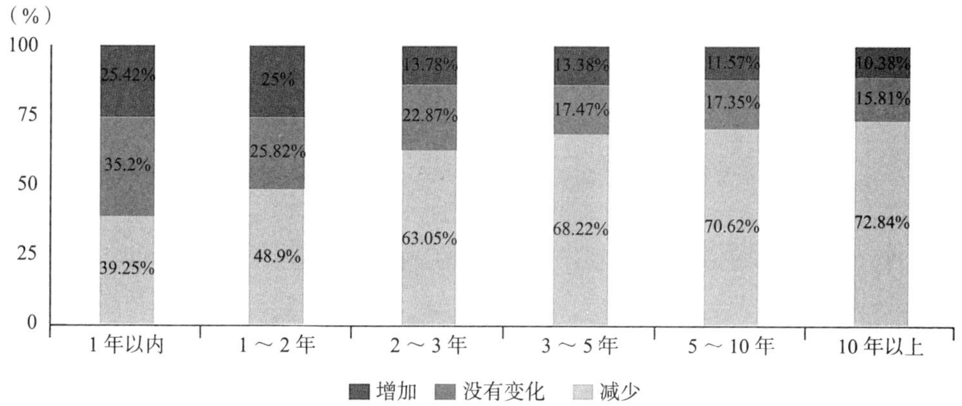

图 3　不同工作年限的房地产经纪人员收入受影响情况

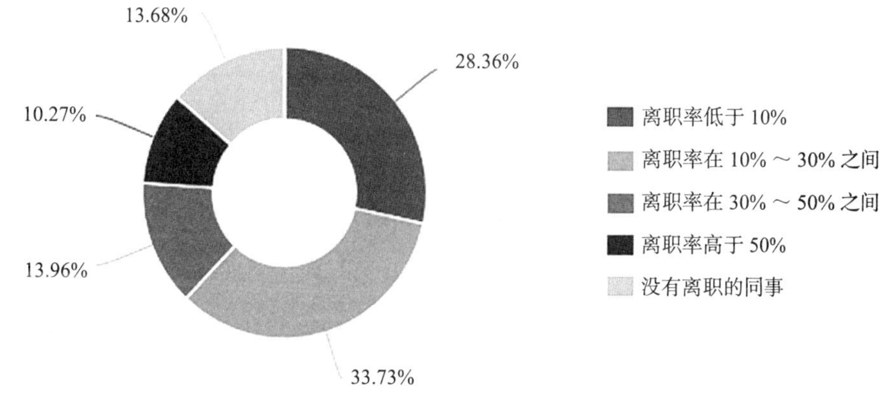

图 4　疫情对房地产经纪人员离职率的影响

（五）一半以上受访者表示上半年经纪业务成交量缩减，租金价格受疫情影响较大

1. 六成受访者认为上半年二手房买卖成交量同比下降

60.35% 的受访者表示，今年上半年所在门店二手房买卖交易量同比下降，降幅主要在 10%～30% 之间。其中，认为下降幅度在 10%～30% 的占 31%，认为下降幅度在 50% 以上、30%～50%、10% 以下的分别占 7.79%、13.18%、8.32%。另外，20.98% 受访者认为所在门店上半年二手房买卖成交量没有变化。从成交价格情况来看，认为今年上半年所在门店二手房买卖成交价上涨、平稳、下跌的受访者占比相差不大（见图 5、图 6）。

2. 六成受访者认为上半年住房租赁业务成交量同比下降，近一半受访者认为租金下降

62.80% 的受访者表示今年上半年所在门店住房租赁业务成交量同比下降。其中，约 29.69% 的受访者认为下降幅度在 10%～30% 之间，与二手房买卖业务情况类似。另外，认为下降幅度在 50% 以上、30%～50%、10% 以下的分别占 10.66%、

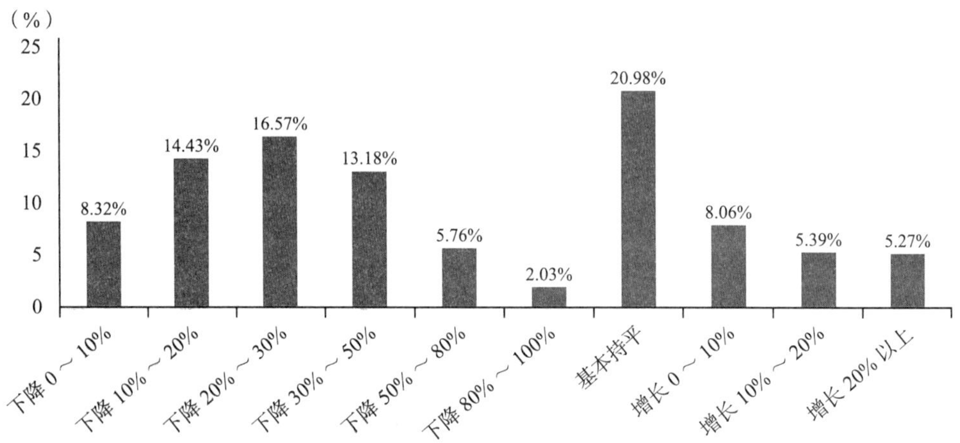

图 5　上半年二手房买卖业务成交量同比变化情况

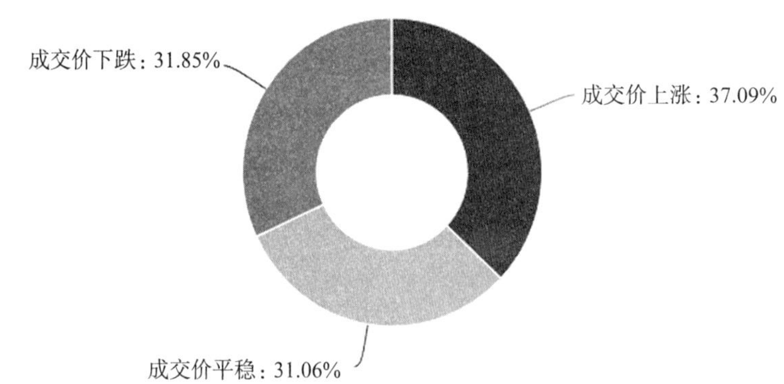

图 6　上半年二手房买卖业务成交价同比变化情况

13.63%、8.82%。从价格来看，48.27% 的人员认为租金价格同比下跌，39.45% 的人员认为租金平稳，认为租金上涨的人员仅占 12.28%（见图 7、图 8）。

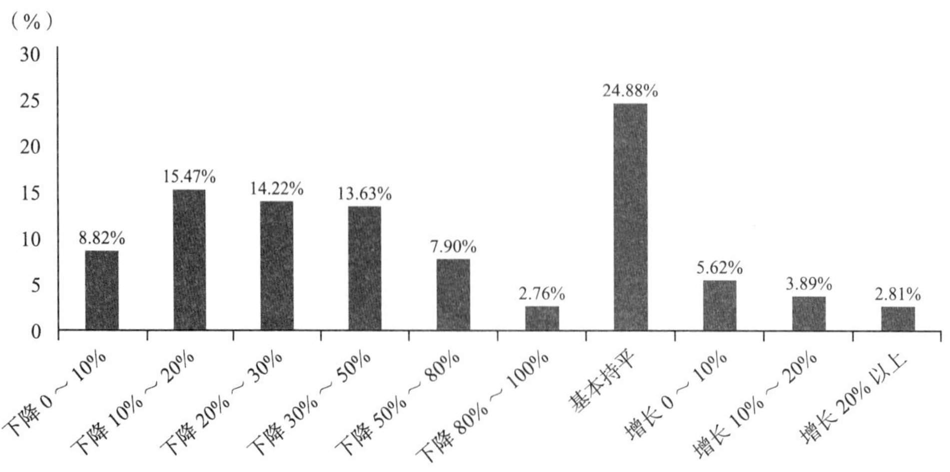

图 7　上半年住房租赁业务成交量同比变化情况

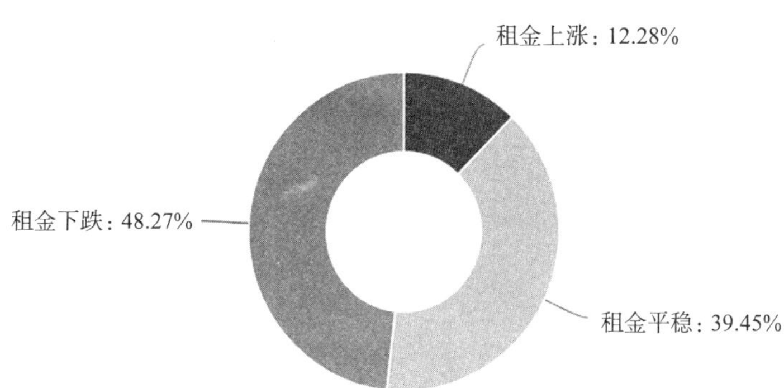

图 8　上半年住房租赁业务成交价同比变化情况

3. 一半以上受访者认为上半年新房业务成交量同比下降，20% 受访者认为新房销售价格同比下跌

相比二手房买卖业务和住房租赁业务，新房销售代理业务受疫情影响略小。53.53% 的受访者表示，今年上半年所在门店新房销售代理业务成交量同比下降，受疫情影响程度小于二手房买卖、住房租赁业务。从价格来看，41.86% 的受访者反映新房销售价格平稳，认为上半年新房价格下跌的仅有 20%，而二手房买卖、住房租赁业务这一占比分别为 31.85%、48.27%（见图 9、图 10）。

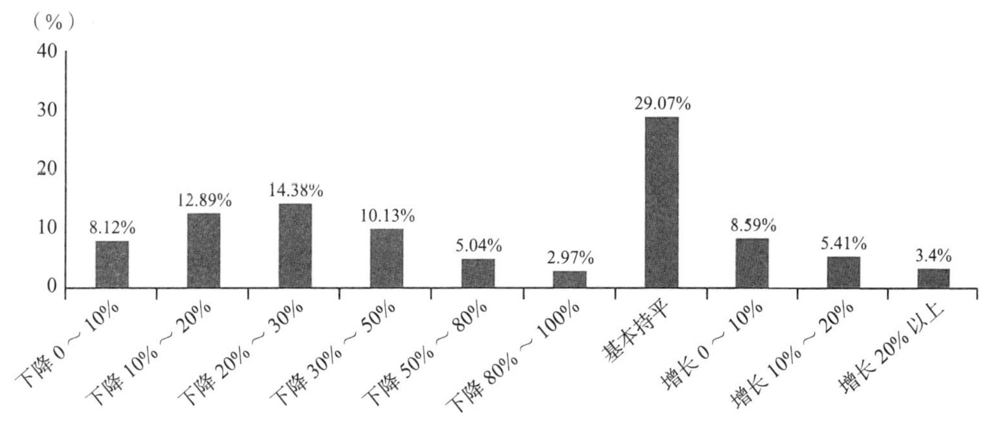

图 9　上半年新房业务成交量同比变化情况

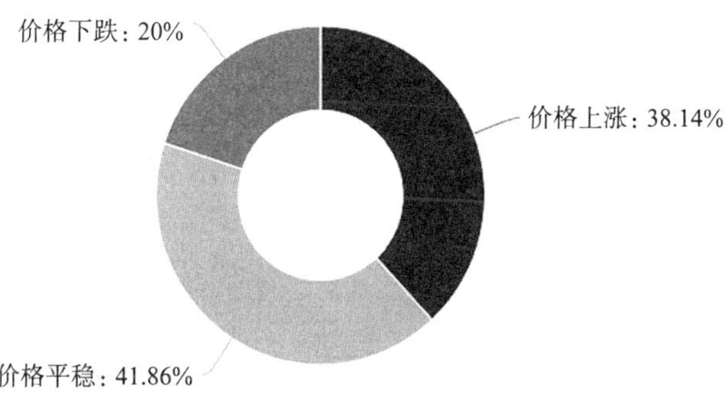

图 10　上半年新房业务成交价同比变化情况

（六）复工后，经纪业务发展面临的最大困难是客源减少、带客看房难度加大

62.99% 的受访者认为复工之后面临的最大困难在于客源减少。其次为带客看房难度加大、房源获取难度加大、过户周期拉长等，占比分别为 60.06%、43.61%、26.98%。另外，网签、银行面签无法进行以及存在其他困难的占比分别为 12.16%、12.28%、13.95%（见图 11）。

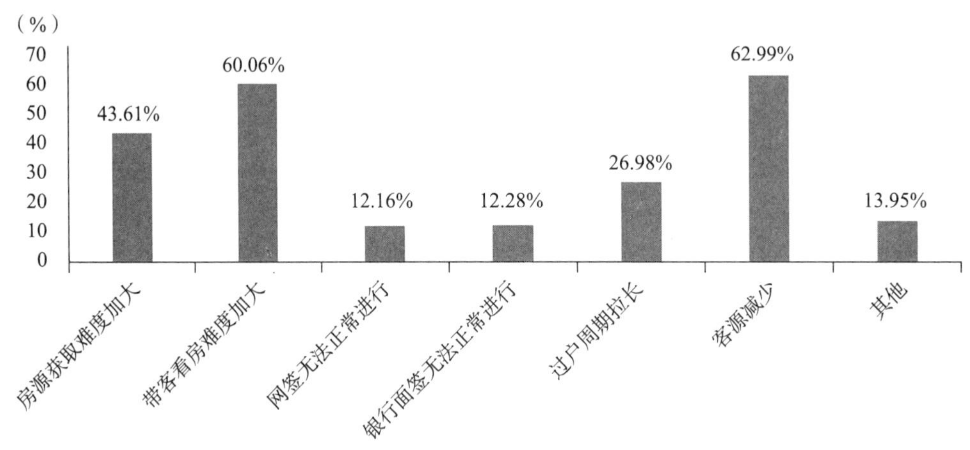

图 11　疫情下房地产经纪业务发展面临的问题

二、二手房买卖业务 2 季度有所回暖，但疫情对房地产经纪行业的影响未完全消退

（一）从 2 季度成交量情况来看，二手房买卖成交量有所回暖，但住房租赁业务未有明显好转

七成以上受访者认为 2 季度二手房买卖成交量环比有所增长或基本持平，虽然认为 2 季度同比下降的受访者依然占多数（58.9%），但这一比例与认为上半年同比下降的（60.3%）相比略少。同时，认为 4 月、5 月、6 月份为今年二手房买卖成交量最高的受访者占比分别为 34.17%、59.23%、47.4%（见图 12～图 14）。

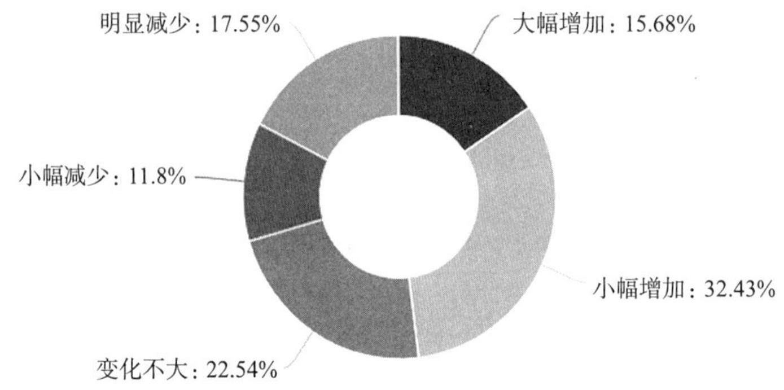

图 12　第 2 季度二手房买卖成交量环比变化情况

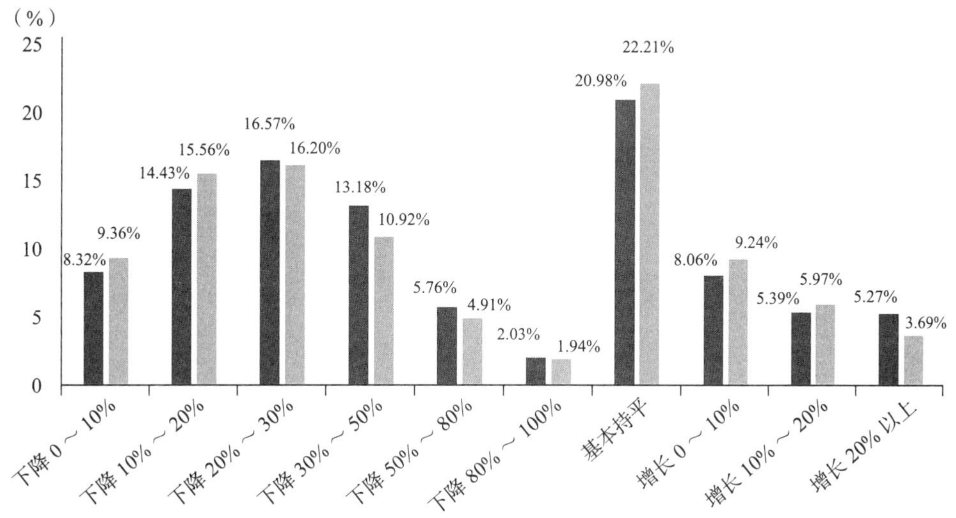

图 13　二手房买卖成交量同比变化情况

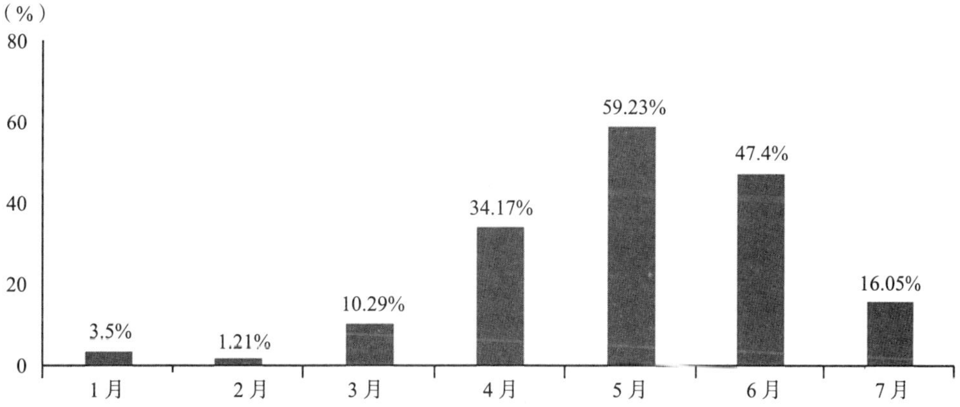

图 14　今年以来二手房买卖成交量最高月份选择情况

住房租赁业务则未表现出与二手房买卖业务相同的回暖迹象。认为 2 季度住房租赁业务成交量环比增加的受访者占比（29.5%），比认为环比减少的受访者占比（38.97%）低了近 10 个百分点。另有 64.42% 的受访者认为 2 季度成交量同比下降（见图 15、图 16）。

（二）从客户咨询情况来看，咨询主要集中在买房、卖房业务

7 月以来，二手房买卖入市积极性加强，受访者接到的经纪业务咨询主要以二手房买卖业务为主。其中，以买房咨询为主的占比为 70.03%，以卖房咨询为主的占比为 56.87%。以租房咨询、出租咨询为主的占比分别为 39.75%、31.4%（见图 17）。

（三）7～8 月门店房源挂牌量、带客量未出现明显的回暖迹象

四成以上受访者认为 7～8 月门店房源挂牌量没有显著变化，认为增加和减少的

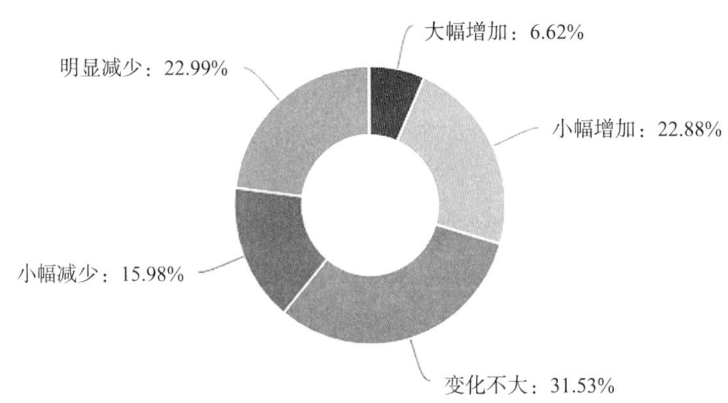

图 15　第 2 季度住房租赁业务成交量环比变化情况

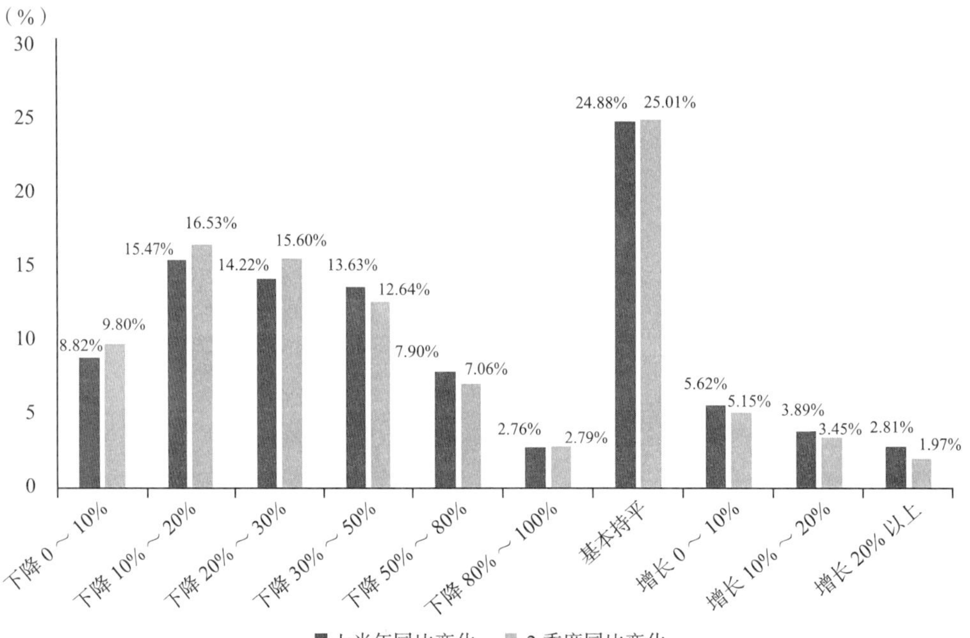

图 16　住房租赁业务成交量同比变化情况

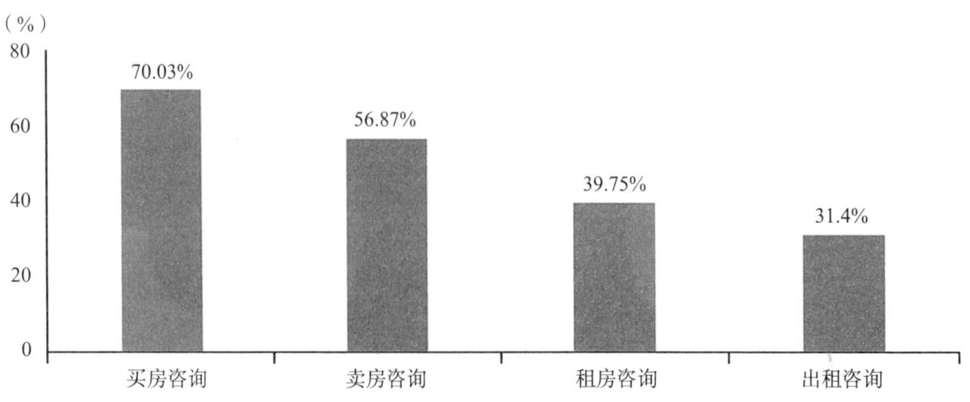

图 17　近期咨询业务分布情况

受访者占比分别为 35.5%、20.12%。四成以上受访者认为 7～8 月门店带看量有所减少，认为带看量增加、没有显著变化的分别占 28%、30.39%（见图 18、图 19）。

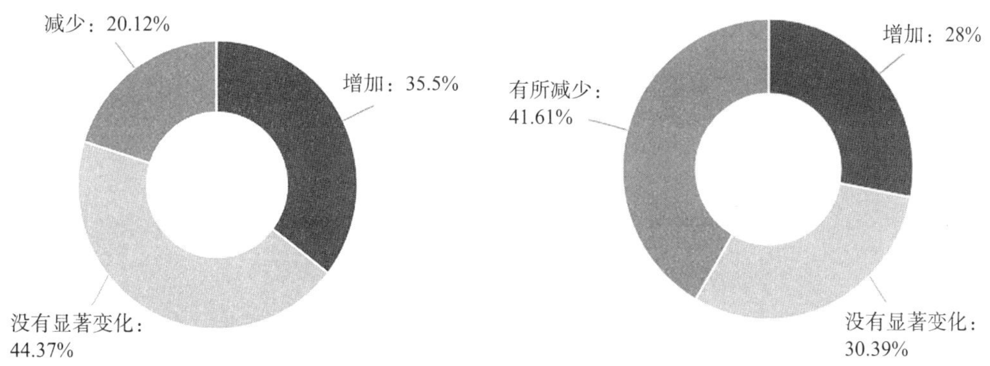

图 18　7～8 月门店房源挂牌量变化情况[1]　　**图 19　7～8 月门店带看量变化情况**

三、房地产经纪人员信心正在逐步恢复

（一）约 3/4 的受访者认为 3 季度房地产市场变化总体平稳或向好发展

对于 3 季度房地产市场变化情况，44.69% 的受访者认为所在城市房地产市场将保持平稳发展，29.35% 的认为将向好发展。但还有 25.96% 的受访者认为市场变化不容乐观（见图 20）。

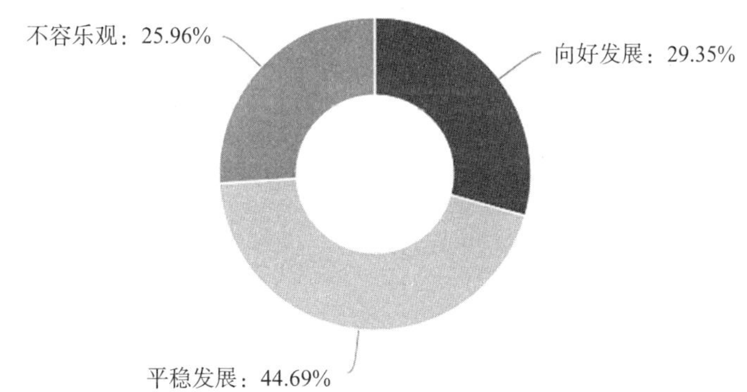

图 20　房地产经纪人员对第 3 季度房地产市场的预期情况

（二）约 2/3 的受访者认为当前房地产经纪行业发展前景广阔或平稳发展

对于房地产经纪行业发展前景，认为行业向好发展、前景广阔的受访者略低于认为行业生存困难、不容乐观的受访者，前者占比为 34.58%，后者占比为 35.29%，房地产经纪从业人员对市场发展的信心未完全恢复。另外，30.14% 的受访者认为行业

① 百分比数据四舍五入导致数据总和不等于 100%。

不好不坏，平稳发展（见图 21）。

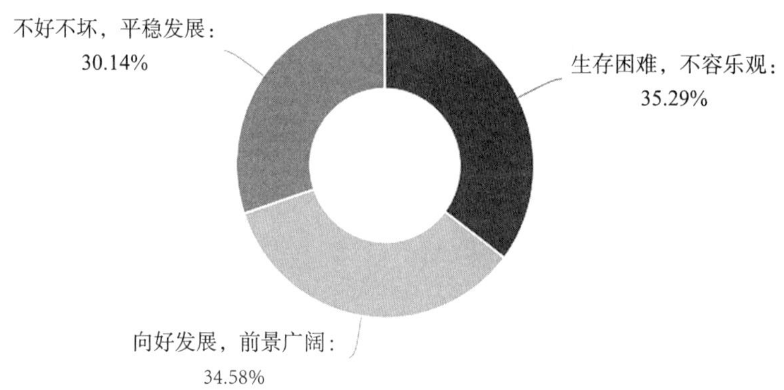

图 21　房地产经纪人员对行业发展前景的态度

（三）约 2/3 的受访者愿意长期在经纪行业发展

调查结果显示，66.02% 的受访者不打算离职，考虑在行业长期发展，打算观望一段时间再决定的受访者占比为 28.7%。另外，有 5.28% 的受访者考虑离职（见图 22）。

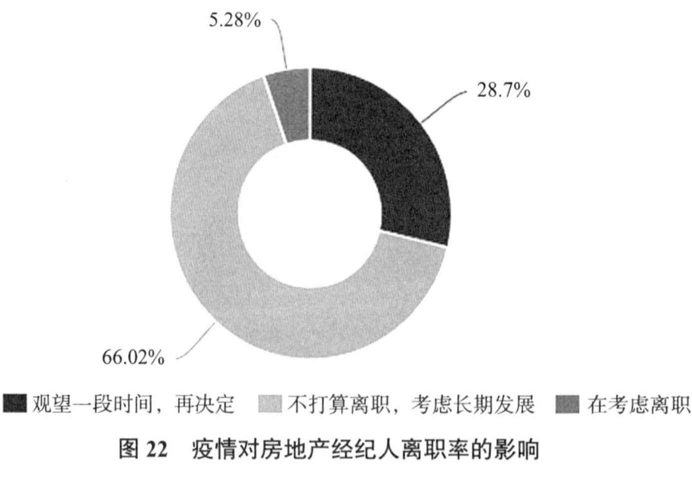

图 22　疫情对房地产经纪人离职率的影响

（作者单位：中国房地产估价师与房地产经纪人学会）

疫情常态化防控下房地产经纪人员如何自我提升

邢亚峰

摘　要：本文从房地产经纪服务中市场变化、客户需求等角度出发，深入分析在现在社会中，作为房地产中介的从业人员，应该怎样去满足不同客户的不同需求，适应市场竞争，提出房产经纪人要从自身角度出发，在心态调整、专业知识、沟通技能、服务意识四大方面，不断提升从业水平，从纯粹卖房的房产中介转变成顾问式的房产经纪人。

关键词：房产经纪；客户需求；心态调整；专业知识；沟通技能；服务意识

2020 年之前，人们所熟悉的销售模式分为两种：线下的实体店与线上的电商平台。但上半年新冠疫情的突然爆发，两大销售渠道受到严重影响。在这样的情形下，为了提升销售量，网络直播的销售形式进入人们的视线，被越来越多的人所关注，一场直播的销售额能够上亿。所以，我们看到随着市场的变化、客户的需求变化，新的销售模式应运而生。

在房地产中介行业，正常情况下经纪人也是通过驻守、贴条、小区跑盘等方式开发房源和客源；客户都是通过图片、视频、介绍以及带看去了解房源的各项信息。但受到疫情的影响，客户不能出门或者小区封闭式管理，导致盘源、客源相应减少，无法进行带看，从而对整个房地产中介行业产生了很大的冲击，由此，VR 看房的模式开始真正被行业所重视和推广。

上半年，由于受到了特殊环境的影响，导致行业的整体成交量下降。但换个角度，这恰恰是我们思考自己如何适应这个行业的最佳时期，如何在同业业绩都下降的同时，维持自己的成交量，保持客户与自己的黏度。所以，在无法改变外部环境的情况下，我们只有改变自己，提升自己在行业内的竞争力，才能适应各种变化的环境。

一、心态调整，是我们坚持从业的根基

（一）成败在于心态

成功人士最明显的标志，在于他的心态。一个人如果心态积极，能够乐观地面对人生中各种困难，并把它看作是人生的挑战，就会想尽各种办法去解决，这样，他的人生就成功了一半。

房产中介工作的过程就是一个心态不断调整的过程，因为在日常工作中我们会遇到各种困难，导致成交变得曲折：市场的变化、同业的竞争、买方和卖方的变化，等等。房产销售工作中遇到各种各样的拒绝也是非常正常的事情，关键在于我们看待这些拒绝的心态最重要，是被这些困难吓倒，还是想各种办法，或找店长帮助、找店里老员工协助，去积极解决这些困难。其实在解决这些问题的时候，我们会发现自己的从业本领也在不知不觉中得到了提升。再遇到类似困难时，就知道如何形成良性的循环。反之，你可能就会被自己淘汰。

（二）改变自己的消极心态

今年的疫情，对于2、3月份的房地产中介市场产生了巨大的冲击，疫情之下，所有的行业都一样未能幸免。其实从“非典”到现在，中介行业也经历过多次危机，每一次的危机都会淘汰那些意志薄弱，左右摇摆的人。也许上半年我们的工作会比较困难，但随着行业的恢复，经济的复苏，我们这个行业也会再次走上正轨，像4月后的楼市火热就说明了这一点。

虽然遇到了困难，但更重要的是借助这个机会，去反思自己之前的工作有哪些地方还不到位，积极创造自己成功的因子：多与行业中成功的、积极的人交流，学习他们的工作方法；改变自己的形象，着装更加职业；保持良好的身体状态，例如锻炼、健身、看书等，让自己能够保持充沛的精力投入到工作中。

（三）克服借口，积极行动

平常在工作中，我们遇到困难，往往会以自己的年龄、经历、学历、身体等各种理由，为自己开脱，消极面对，任由问题扩大。这些其实都是逃避的表现。要想取得成功，我们需要克服这些借口，制定详细可行的行动计划，并马上行动。同时在行动的过程中，不断检视自己，发现有偏差，及时调整。我们必须不断学习，掌握新的工作方法，与时俱进，才能适应客户不断上涨的需求，不被行业所淘汰。

二、专业知识，是我们取得客户信任的根本

（一）什么是我们的专业知识？

专业知识分为狭义和广义：

（1）狭义：房源的基本知识，包括：户型、面积、年代、装修、朝向、楼层、外观、权属及房主的个人信息等这些房源本身的信息；

（2）广义：除了房源的基本知识之外，还包括房源的外部知识：周边环境、物业管理、地理位置、社区的人文环境、自然环境和社区配套设施等，还包括了中介市场的变化、国家政策、法律法规、房地产交易流程等跟房地产有关的一切内容。

一名专业的房产经纪人不应只是一个卖房子的中介人员，而是要帮助客户解决置业的问题，成为顾问式的从业者，因此我们的专业知识必须是全面的。

（二）如何提升我们自己的专业知识？

1. 有效跑盘。跑盘是我们熟悉门店周边商圈、小区情况的最佳方法。因此在跑盘时，我们一定不能只是逛一圈，当作完成店长布置的任务，而是要一步一步在小区里边走边记录，回到门店后还要立即把跑盘的内容画出来。然后再带着小区平面图、商圈平面图，第二次跑盘，把自己画的不正确或者遗漏的地方加以完善。通过这样的跑盘，经纪人才能熟悉掌握门店周边的详细情况。

2. 主动实勘。当有了房源之后，需要第一时间联系房东进行实勘。只有实勘了，才能对房源有进一步的了解，对房子的优缺点、房子的讲解话术才能提前掌握，在带看时，才能更有效地向客户介绍。并且，这也是了解业主的最佳时机，以便加深与业主的联系。同时，实勘有助于我们规划带看路线，可以把小区最好的一面展现给客户。

3. 积极学习及培训。很多经纪人把学习及培训比作是吃药，觉得最近业绩不行了，才要进行培训了。其实这是一种错误的观点。学习和培训是一个经常性的动作，因为知识是会折旧和老化的，我们必须不停地学习，才能确保脑袋里专业知识的新鲜程度。学习也是销售力，所以作为房产经纪人必须不断地学习。

当然学习包括两个方面：一方面是学习书本上前人总结出来的专业技能，学习别人的经验，这样我们在以后的工作中遇到相似的问题，就能及时解决，从而少走弯路；另一方面是在实际的工作中不断学习。客户是我们最好的老师，解决了客户提出的问题，自己的专业知识也会在不知不觉中得到了提升。

三、销售技能，是我们提升成交率的法宝

世界上没有卖不出去的房子，只有不会卖房子的置业顾问。因此，作为经纪人要有熟练的销售技能，掌握各个销售流程的细节，才能把握业主，掌握客户。好的销售

技能，可以提升我们的成交率。

（一）学会开发身边的优质客户资源

客户随处都有，关键在于我们如何把他找出来。尤其我们身边的客户资源是最容易开发的，那么，一个专业的经纪人是如何开发身边的客户资源呢？

首先，可以通过电话、微信朋友圈告诉所有的身边的人，我们现在在做什么。即“五同”概念：同宗、同事、同学、同好、同乡。

其次，通过朋友圈等渠道，经常发布一些关于房地产的资讯，一旦他们有购房的需求，首先一定会想到你。

最后，凡是接待过的客户，无论是否成交，都要用电话或者微信与他们保持一定的联系，尤其是老客户更要表现出关心，争取他们的转介绍。

在开发客户资源的时候，我们要遵循以下两个原则：

一是建立良好的关系。无论是熟悉的人还是全新的客户，建立良好的关系，是成交的第一步。在我们日常工作中，该步骤占40%的时间比例。在建立与维护客户关系时，一定要记录客户的个人情况及相关需求，建立客户的个人档案，包括：客户的个人资料（姓名、电话、联系地址等）；客户的家庭情况（家庭人口及组成、是否有老人小孩等）；工作情况（行业、单位、地点、客户的职位、收入等）；客户居住情况（现居住地点、面积、户型，满意及不满意的地方等）；客户购房需求（购房动机、具体需求等）；购买决策情况（购房资金来源、谁是决策人等），客户对市场的了解程度，有没有看过房子；客户其他情况（个人爱好、社交圈、客户感兴趣的话题等）；每一次看楼后，客户的跟进反馈也需要进行记录。

二是把握恰当的时间。绝大多数客户购楼的决策都是在一瞬间做出的，经纪人必须把握住这个瞬间。所以在每次与客户沟通时，我们都需要做一些准备，针对客户可能产生的反应和态度，设计一套话术，并在门店里，模拟现场提前进行演练。这样，遇到客户类似反应时，可以轻松自如地去应对了。

（二）学会深度挖掘客户的需求

很多的购房者对自己需求的了解程度分三种情况：一种是他不知道自己的真正需求是什么，随大流；另一种是知道自己的需求，但并不明确，需要专业的人给他建议；还有一种是非常清楚自己的需求，但在与我们表达时出现了一些误差。因此，有效挖掘客户的真实需求是非常重要的。在我们的日常工作中，有效探寻出客户需求的所用时间可以占到30%。

1. 了解客户的背景：在与客户的交谈中，要学会通过提问了解客户的一些基本情况，例如，原来的地址、原来房子的面积，为什么要换房子，家里常住人口，有无老人小孩，工作地点，平时的交通工具等具体信息。

2. 直接询问购房目的：在了解基本信息之后，可以直接询问客户，本次购房的目的，以及相应的对房源有什么样的要求。

3. 总结需求：在了解了这些信息之后，我们要再次总结客户的需求，并反馈给客户，再次确认。

4. 带看中挖掘需求：当然，有时也并不是一次就可以了解这么详细的，还需要在后面的看楼过程中及时跟进，询问客户看楼的满意程度，用恰当的语句不停地提出相关问题，不断挖掘客户真实的需求。

（三）如何提升带看成功率

带看是房产销售的必经流程，无论你的照片多优美，视频拍摄得多全面，客户最终一定还会要求实地看房，所以一定程度上，带看的效率决定了成交的结果。

1. 精准解读客户，提高房源匹配度。在前期与客户的沟通交流中，通过提问，不断挖掘客户的购房真实需求，从而匹配房源。但客户的成交不是一次带看就能完成的，因此需要在每一次带看后，及时跟进，了解客户看房后感受，从而不断调整对客户需求的理解，再进行匹配和带看。同时我们要注意房源不可能十全十美，只要这个房子能基本满足客户的需求，就可以进行带看。每次带看的房源 2～3 套最为合适。

2. 在带看中要有效解除客户的拒绝，吸引客户购楼的兴趣。在我们带看过程中，向客户推荐房子，难免经常会遭到客户的拒绝。但大多数情况下，拒绝表示客户有兴趣，所以在带看过程中遇到拒绝，我们要保持耐心，不要被拒绝轻易击倒。我们要了解清楚客户拒绝的真正原因是什么，针对这些原因，再采取方法解除它，销售工作就可以继续顺利进行了。

3. 介绍房源信息中，巧妙介绍房子的优缺点，让房子成为客户的兴趣点。现在的销售都强调体验式销售，在带看过程中，要学会让客户体验他关心的细节，让客户去触摸、体验房子的质量等。同时在介绍房源信息的时候，不仅是叙述房源的情况，还要带动客户发挥想象力，描绘购买房子后，可能会带来哪些利益或好处。

4. 把控带看的前中后，做好充分的准备：

（1）做足带看前的准备工作：检查自己的服饰仪表，翻阅客户档案，了解客户之前的跟进情况，策划好本次带看的路线，并随身带着客户的联系方式，以便能随时保持联系，检查看楼工具是否齐全；

（2）看楼过程中避免出现让客户反感的情形：不要提一些有敌意的问题，不要随便打断客户的讲话，针对房源的优点，引导客户想象购买此房子的利益及好处。针对房子的缺点，能够给客户提供解决的建议；

（3）带看后的及时跟进：每次看楼后，要及时通过电话、微信，询问客户看楼的感受，满意的地方是什么，不满意的地方是什么，针对客户的感受，再次匹配，再次约看。

（四）有效谈价，让客户快乐买房

房屋买卖中，如何让业主满意，让客户开心，我们能够收到佣金，这是房产中介谈价的一门艺术。有效把握房屋谈价，才能实现三方共赢。我们怎么提升谈价的技能呢？

学会有效了解对方底牌。在房产销售中，最担心的是客户看上某套房子，但就是价格谈不拢，业主底价与客户出价总有差距。那么，我们如何有效掌握对方的心理承受底价呢？

1. 开门见山法。可以直接提问，询问客户是否可以稍微降低一点，如果回答是“可以的”，我们可以知道他的底价还可以下调一点。相反，如果客户不同意，那么，我们也就知道他的底价差不多了。并且当客户的心理底价与业主底价相近时，我们可以制造一些紧迫感，提升谈价的成功率；

2. 扮演角色法。可以请同事协助扮演客户，亲自到业主处进行谈价。这样，可以了解业主的心理底价，同时还可以看到业主的诚意程度，以及业主卖房的急切程度。

谈价过程中，最重要的是我们要清楚认识到，经纪人只是一个桥梁的作用。在谈价时，我们要注意分寸，不能让业主或客户觉得我们是在偏袒某一方。要让买卖双方感觉，我们是在为他着想。让他们感觉为了这个成交，我们付出了很多努力。

（五）学会捕捉成交信号，让成交一举成功

任何销售最终的目的都是一样的，就是实现成交。因此作为经纪人我们要善于捕捉客户的成交信号，促成客户的成交。但急于促成会吓跑客户，太晚促成又会错失良机。所以在我们日常与客户沟通时，把握客户成交信号就尤为重要，我们要培养自己读懂成交信号的能力。

1. 学会倾听客户的语言信号。客户一般会通过反问、疑问、重复等语句，来表达自己对房子的喜好程度，所以我们要在与客户交流中，留意客户说话方式和内容的变化。

2. 学会辨别客户的行为信号。我们在与客户交谈的过程中，需要留心客户的一些行为动作，当出现满意的行为动作时，表示我们可以进行促成了。

3. 学会观察客户的表情信号。同样在与客户面对面交流时，要注意观察客户的一些面部表情，可能很细微，但却是客户内心变化的表现，是我们促成的好时机。

销售技能的掌握与提升，不光光是通过书本上的学习，更重要的是来自于市场实践的参与和积累，只有在不断的工作中使用这些技能，我们才能不断去完善自己的销售细节，提升自己的销售技能。

四、服务意识，是业绩长青的来源

很多人认为房产中介就是进行二手房销售的一份销售工作，就是卖房子的中间

商。但随着社会不断地进步、老百姓的服务需求的意识不断提高，促使我们必须由传统的中介销售者转变为客户需求的服务者。我们必须全心全意为业主、客户服务，才能取得业主、客户的信任。

房源都是一定的，你有我有大家都有，但我们需要重视的是，客户为什么要选择你，为什么要在你这边成交。那你就必须有别人没有的东西，也就是你的服务是别人不具备的。那么，我们该如何做好服务呢？

（一）培养自己的服务意识

不少经纪人认为服务比较浪费时间，不能产生直接的利益，所以只关注这个客户能不能成交，能为我带来多少利益。其实，从个人从业发展的长远角度来看，服务是促进我们销售的一种最有效的方法。在激烈的市场竞争中，我们所有经纪人销售的房源都是一样的，唯一能够让客户将你与其他经纪人区分的方法，就是你有与众不同的更好的服务，尤其是超越客户期望值的服务。

那么，我们该如何培养自己的服务意识呢？

1. 明确服务无小事。在房屋销售过程中，如果我们每一件小事都做好了，做到位了，则在成交过程中就不会有大事发生。所以一些绩优的经纪人，好像他们的成交都是水到渠成的，没有什么特别值得炫耀的地方，其实，他们能成交，就是把良好的、优质的服务在平常的工作中一点一滴做起来，例如：建立客户档案，经常保持跟客户的联系，准时，言而有信，对所有客户都一视同仁，不时提供一些附加值服务给客户，等等。

2. 树立客户永远是对的理念。销售中有一句俗语“顾客是上帝”。既然是上帝，我们的服务就要树立顾客是对的理念。在我们日常工作中，一定会出现客户与我们意见不一致的情形，这时我们就要尝试站在客户角度去思考问题，控制自己的情绪，不与客户争吵。我们不仅要说“客户永远是对的”，还需要在工作中，尽自己最大的可能去满足客户的需求，不仅是说到，更重要的是做到。

3. 在工作中要重视给客户留有面子。中国人做事的传统思维是情、理、法，所以在我们日常工作中，当客户出现跟我们意见不一致的情形时，我们一定要委婉处理，先缓和客户的情绪，再提出自己的见解，凡事给客户留有面子。

（二）售前、售中、售后，服务全流程

1. 准备充分的售前服务。在房产销售流程中，首先我们要通过跑盘、实勘了解房源的具体信息，这不仅是房源本身的信息，还有房源之外的信息，例如学区房，我们还需要了解学校的情况（师资力量、学校升学率、特色教育等），这样在给客户介绍房源信息时，我们能提供超越客户期望值的服务，给客户留下专业的印象，为以后的销售打下铺垫。

2. 做好售中的细节服务。销售流程中，我们需要注意各细节的服务：

（1）全面了解客户的需求，及时做好匹配；

（2）带看准备中，路线的规划，与客户的交谈（市场形势、政策变化等），显示我们的专业度；

（3）带看中，对于房屋的介绍，能否突出房屋的优势，是满足客户需求的，同时也能说出缺点，但要有提供解决方法的建议；

（4）带看后一方面要对客户及时跟进，挖掘客户真正需求后，再次及时匹配、带看；另一方面及时跟业主反馈，讲述客户看房后的感受，为以后谈价做好铺垫；

（5）及时解答客户提出的问题，第一时间满足客户的需求。客户有不同意见，先认同客户，不与客户争辩，再委婉提出建议，让客户有赢的感觉；

（6）做好房源的日常维护，让业主提升对我们的信任度；

（7）电话接待（电话接听的时间、第一句话、语气语调、结束语等）、门店接待（着装、起立、微笑、递水、就坐、桌面的登记本等），是否能够按照服务标准严格执行；

（8）做好服务客户的“三个一”：第一时间匹配、第一时间带看、第一时间跟进。

3. 持续的售后服务。由于房屋成交的周期性比较长，即使成交了，还有过户、贷款、交房等手续需要完成，所以，就决定了我们在成交后，必须要做好持续的售后服务，才能赢得客户的信任。

（1）做好与权证部门的交接，协助客户做好相应资料的准备；

（2）贷款过程中，积极配合权证，及时了解贷款进程，协助客户早日完成贷款；

（3）建立售后服务群，有问题确保能第一时间得到解决；

（4）提供一些附加值服务，例如搬家等；

（5）定时进行客户的回访，询问客户是否满意，是否还有什么地方需要我们帮助等；

（6）如果遇到客户的投诉，首先要缓和客户情绪，并把投诉内容进行记录，然后第一时间进行处理，第一时间进行反馈；

（7）协助客户完成交房手续的办理：户口迁出、房屋交验、费用结清等。

（三）提供超越客户期望值的附加值服务

在业主、客户的心中，他们的预期就是房子能卖掉，或者买到适合自己的房子。如果在这个过程中，我们提供给业主、客户超越他们心中期望值的服务，那么他们就会成为我们的忠诚客户，能够帮助我们进行转介绍。

1. 扩大我们的专业知识面。很多经纪人觉得，我们只需要知道房源的具体信息就足够了，其实在日常工作中，我们要有意识的收集关于房子的各种资讯，包括政策的变化、市场的变化、一些大型土地拍卖、地铁道路的建设、城市的相应规划、房产交易的流程、相关的法律法规，等等。这些内容的了解，可以让我们在与客户交流时更有谈资，让我们的理由更有说服力，而客户会更加感觉到我们的专业度。

2. 销售过程中掌握细节。在我们日常工作中做到细、全、真。“细”就是考虑问题要细致，任何可能产生的问题，我们都要提前考虑到，事先在门店进行好演练。这样在实际工作中，客户提出类似的问题，我们就能顺利解答。“全”就是我们完成每一项客户需求时，都要考虑周到：客户可能会问的问题、带看路线、带看过程中和客户交流的内容、带看的工具、带看后客户的反馈、业主房屋的日常维护等我们都要考虑全面。要做到客户想到的，我们已经想到；客户没有想到的，我们也想到了。“真”即真正站在客户的角度，为客户的需求去匹配房源，而不是为了销售利益在介绍房源时，房屋的优缺点都要讲清楚，并能够针对缺点提出解决的建议；谈价时能够让客户感觉我们是设身处地为他着想的。

3. 意想不到的售后服务。成交后的售后服务，也是我们服务的重要组成部分，除了基本的过户、贷款等服务之外，搬家、上门回访、定时的电话联系，都是客户意料之外的服务，坚持做好这些服务，也会使客户对我们的信任度提高，成为我们的忠诚客户。

疫情只能影响我们一段时间，但对于行业的影响却是值得我们思考的。其实，无论环境如何的变化，即使再低迷的情况下，也是有成交的。所以，保持自己在行业的竞争能力，才是我们每个经纪人需要思考的问题。

鸡蛋从外部打破成为食物，从内部打破是新的生命。无论行业如何的变化，竞争如何的激烈，要想在行业中不被淘汰，唯有从自身能力的提升出发，不断完善自己的各项从业储备，才能在行业中取得领先的优势。因此，疫情更像一个契机，让我们认识自己的契机，抓住机会。只要我们不放弃，坚持下去，努力自我提升，一定能够在行业中取得最后的胜利。

（作者单位：江苏红峰房地产代理有限公司）

参考文献：

[1] 奥格·曼狄诺 . 世界最伟大的推销员 [M]. 北京：世界知识出版社，2002.

[2]（美）托马斯·赫伯特·拉塞尔 . 一个优秀销售员的自我修炼 [M]. 钱志慧，译 . 苏州：古吴轩出版社，2018.

[3]（美）汤姆·霍普金斯 . 当客户说“不”[M]. 杨晓瑜，译 . 北京：中信出版社，2016.

[4] 林海荣 .《个人品牌建设》培训课程 .

[5] 邓小华 . 售罄 [M]. 广州：广东旅游出版社，2013.

践行企业家精神　履行神圣责任　扛起家国担当

卢　俊

摘　要：本文围绕践行习近平总书记在企业家座谈会上的重要讲话精神，履行社会责任、政治责任、经济责任为视角，结合我爱我家经纪人"逆行"一线开展抗疫志愿服务的真实故事，深入诠释了房地产经纪企业的初心使命和责任担当。全文围绕"践行社会责任，勇敢抗疫逆行""践行政治责任，引领抗疫复产""践行经济责任，扛起家国担当"为主线，以企业创新发展为切入点，阐述了如何弘扬企业家精神，担起新时代赋予的使命和责任。

关键词：社会责任；政治责任；经济责任；志愿服务；创新

我爱我家集团作为国内唯一一家A股主板市场的全球化房地产综合服务类企业，认真贯彻习近平总书记在企业家座谈会上的重要讲话精神，主动为国担当、为国分忧，切实担起企业的社会责任、经济责任、政治责任。新冠疫情暴发以来，我爱我家全力以赴做好企业疫情防控工作，一直奋战在这场没有硝烟的抗疫战场上。公司立足新起点，实施新战略，2020年上半年实现持续盈利，为引领行业发展作出积极贡献。

一、践行社会责任，勇敢抗疫"逆行"

战"疫"当前，我爱我家员工挺身而出，忘我奉献，扛得起责任，禁得住信任，经得起考验，交出了合格答卷。

（一）投身志愿服务进行时

1. 成立志愿服务队

公司先后成立630多支志愿服务队，经纪人纷纷走出门店，以实际行动奋战在城市社区乡镇抗"疫"第一线，协助社区登记人流、为居民测量体温、逐户排查出租房屋、为隔离群众买菜、宣传防疫知识等，全国各地经纪人参与志愿服务达42 000余人，服务社区3000余家，累计服务1 960 000小时以上。

2. 冲锋全国社区一线

北京张鹏跑遍北京大小超市，自费采购400多斤酒精、300多斤消毒液、数万个口罩、体温枪等防护品，为客户、业主、居委会、片警、学校送达400多人次，用一己之力温暖人心。苏州韩晶过年回家化身陕西“抗疫”战士，自备口罩，每天村里值班排查人员14个小时，白天忍着疲惫，夜里冻得瑟瑟发抖，为抗疫与家人分开吃分开睡，毫无怨言，执着坚守。长沙刘萍、刘彪夫妇在同一门店工作，尽管家里两个孩子需要照顾，但义无反顾地加入志愿者行列，风雨无阻，轮岗值班，为社区空巢老人赠口罩送进门，帮业主签包裹送上门，免费为社区孩子打印资料。太原郝晓云、赵倩咛、赵斌等为1660余名失独老人进行心理疏导，组织“宅家厨艺大比拼”美食作品征集活动，为失独家庭送去特别的关爱……

（二）90后“疫”线闪光

1.“全能”志愿者

南昌90后美女战士李青芳，是捐赠“发起人”“运输员”“指导员”，她参与的珠田“乡贤会”筹款共计94 395元，口罩1200个，帐篷9顶，还帮助物资运输并发放给各个乡镇点，为村民做咨询辅导等。

2. 排查小能手

天津90后党员靳程程，春节回河北老家每天坚守村口卡点值班，白天深夜轮岗值守，并承担了村里党员包户任务，他负责的卡口防控无一漏查、无一传播。

3. 日夜守护人

南京90后大男孩吴巍、陶强，大年初三第一时间到社区报到，每天执勤12个小时，扛起社区日夜守护人的责任。“90后”爱家青年，临危不惧，守望相助，传递着信心与正能量。

（三）“隐形战士”冲锋各条战线

1. 商场酒店一线请战出征

昆百大作为云南老字号的商业企业，各商场、专业连锁店、酒店坚持营业，线上线下服务相结合，最大限度满足疫情期间的居民购物需求。有调配消毒液导致口腔黏膜脱落的李玉松，有一人坚守一个月安保工作的马锦超，有把自己储备口罩赠送给顾客的马碧艳……正是这些爱家人的逆行出征，为消费者铸就了一道安全、健康、有爱的守护线。

2. 口罩生产前线分秒必争

苏州江胜，“口罩包装员”兼“入镇口巡查员”，每天8小时包装口罩、5小时镇口巡查，为确保口罩包装目标任务量，工作中途几乎不休息，开足马力一直站在操作台上，每箱500个口罩没有丝毫差错。

3. 高速公路防线风雨无阻

苏州周泽宇、刘希春、施国强、纪前严、南京周金龙等，化身高速路口的“守护神”，坚守在苏州、南京等各个高速卡口，逢车必查、逢人必测，风雨无阻筑起高速公路的坚实防疫线。

以上我爱我家志愿者，是全体爱家人迎“疫”而上的小小缩影，在社区志愿服务、商贸流通、复工复产等领域，爱家人的“逆行”身影无处不在。当人们都在躲避退让，他们却在勇敢逆行；当人们都在惶恐不安，他们却在各个城市角落勇敢冲锋。

二、践行政治责任，引领抗疫复产

集团党委组织各级党组织和广大党员坚决扛起政治责任，充分发挥基层党组织战斗堡垒作用和共产党员先锋模范作用，以实际行动践行初心使命，为坚决打赢疫情防控阻击战作出应有贡献。

（一）听党指挥，迅速行动

1.“爱心捐赠”携手全民抗疫

新冠肺炎疫情发生以来，集团党委迅速贯彻落实中央《关于加强党的领导、为打赢疫情防控阻击战提供坚强政治保证的通知》精神，以倡议书、通知等形式广泛开展宣传动员，第一时间传达政府有关决策部署，组织各级党组织和党员群众为疫情防控自愿捐款和建党 99 周年捐款，支持疫情防控工作，以及助医、助学、助老、助残、助困等项目，集团党委为捐款党员发出感谢函。党员群众自发向慈善机构、以及湖北、武汉等地捐款捐物，支持一线抗疫，用行动彰显初心使命。公司利用空置公寓就近无偿安置战斗在一线的医护人员，并有针对性地推出部分租金减免措施。公司为社区一线捐赠口罩、消毒液、酒精、免洗消毒洗手液、遮阳伞、应急药箱、电风扇、牛奶等抗“疫”物资，慰问一线社区、城管工作人员和环卫工人等，守望相助，为战“疫”贡献爱家人的绵薄之力，凝聚起众志成城、共克时艰的强大正能量。

2.“志愿服务”助力全国社区一线

一个党组织就是一座堡垒，一名党员就是一面旗帜。集团党委组织动员各级党组织和广大党员抗疫“逆行”，冲锋一线，以担当作为给党旗增光添彩。昆百大党委、北京公司、天津公司、上海公司、杭州公司、苏州公司、太原公司、南京公司党支部纷纷成立党员志愿服务队，党员签署请战书，以实际行动支援社区乡镇一线抗疫，为打赢疫情防控阻击战提供有力支持。常州党员志愿者朱亚成，刚为父亲办理好后事，就马不停蹄地投入到村委指挥部志愿者的工作中，挨家挨户统计外来人口信息，排查车辆。南京党员志愿者张鹏飞放弃春节回西安老家，冲上南京社区第一线，站岗巡逻，做好发现疑似病例汇报和隔离工作，收到社区感谢信……他们是我爱我家党员志愿者迎“疫”而上的真实写照。

（二）严抓防控，稳岗就业

1. 迅速建立防控机制

公司始终把员工生命安全和身体健康放在第一位，第一时间成立新型冠状病毒肺炎防控专项工作小组，编制《我爱我家总部返岗办公防疫防护应知应会》《我爱我家防控新型冠状病毒肺炎实施手册》《防控新型冠状病毒肺炎 HR 政策 Q&A》《我爱我家2020 年新型冠状病毒防控知识问答》等，集团系统各公司层层联动，紧急部署，采取措施，引导教育员工科学做好日常防护，北京“爱家基金”为经纪人提供核酸检测服务，做细做实疫情防控各项工作，保障员工健康安全和合法权益。

2. 线上办公培训“稳就业”

公司迅速启动线上化办公和培训，稳岗就业。及时掌握员工动态，强化员工返岗管理，加强线下门店管理，员工以远程办公形式，足不出户处理工作，支撑了大量紧急、临时、多人、多组织的高效沟通。取消近期差旅，以及内外部线下会议、培训、活动及团建，采用视频或电话会议。实现 5 万多人大规模的在线学习培训考试，利用业务受影响期间组织平台合作经纪人和员工通过线上开展学习，提升专业能力和职业素养，提高服务品质，为业务开展积蓄力量。

3. 依托数字爱家“扩就业”

依托数字爱家，面对疫情在“稳就业”的基础上“扩就业”，积极扩大 IT 团队规模和技术投入，提升线上服务能力，相寓业务、店面管理业务、经纪人招聘及培训等全流程线上化运转，实现 VR 技术远程看房及在线签约，不断优化用户在线看房、选房的流程和服务体验，为行业伙伴进行赋能。

三、践行经济责任，扛起家国担当

新时代呼唤与时俱进的企业家精神，我爱我家作为行业头部企业，对国家、对民族怀有崇高的使命感和强烈责任感，越是在国家困难的时候企业越要积极承担责任和担当。

（一）立足新起点，实施新战略

大疫当前，百业艰难，但危中有机，唯创新者胜。近期，我爱我家启动实施新战略，即“打造入口级多元一体化居住平台运营商”。我爱我家发展战略将以新基建为核，向数字化、技术化、线上化方向发展，提高服务能力，降低用户成本，提升交易效率，降低过程风险，强化产业互联网的核心竞争优势，以平台化为体，实现多元化、一体化、平台化三部曲。公司将充分发挥直营业务的资源品牌力量和上市公司的优势，通过开展直营合伙加盟业务外延平台，整合产业优势资源，严选优质品牌，严选优质店东和第三方，秉承共建共赢的合作理念，构建多品牌共荣，服务多样共存的一站式居住服务平台，为客户提供全生命周期全过程的高质量居住服务。

（二）以创新实干开路，用实绩实效说话

习近平总书记在企业家座谈会上的重要讲话坚定了我爱我家不断创新的信心，为企业高质量发展指明了方向。公司将创新“数字化”置于集团战略之首，以科技提升核心业务的线上化效率，圆满完成三年业绩对赌承诺，为公司成立20周年交上了一份满意成绩单。2020年上半年，面临疫情带来的经营压力，我爱我家积极扩大IT团队规模和技术投入，IT团队人数占控股总部人数的73%，进一步提升了公司运营效率，二季度各项业务快速恢复，2020年上半年成功实现持续盈利，为完成全年任务奠定了良好基础。

（三）引领“服务时代”，促进行业发展

随着存量房时代的到来，二手房的市场潜力不断扩大，房地产经纪行业将进入“服务时代”，对专业的中介服务需求日益上升，不仅买卖房屋需要中介服务，甚至各类存量物业资产也需要中介服务或者资产管理服务。各行业联动已成为大势所趋，传统的房地产经纪服务范畴正在与工业、产业、物流、娱乐等行业结合与互通，纵向打通房地产的行业链，将成为房地产经纪行业新的发展方向之一。我爱我家将立足新战略，打造新平台，通过高智能、高附加值的数字化工具、方法，持续优化提升服务能力，不断扩大房地产经纪服务范围和行业发展空间，促进各个服务链条和业务得到赋能创新，从而实现全渠道整合、全过程闭环、全板块打通、全生态融合，引领行业发展。

疫情发生以来，全体爱家人为全民抗疫战斗注入了一往无前的爱家力量。国家即将迈入“十四五”时期，我爱我家作为行业龙头将积极发扬企业家精神，履行社会责任，集中力量办好自己的事，促进企业有质量增长，努力成为新时代构建新发展格局、建设现代化经济体系、推动高质量发展的生力军，以实际行动扛起家国担当，履行时代赋予的安家使命。

（作者单位：我爱我家集团）

房地产中介行业信用评价与管理体系建设研究

宋梦美

摘　要：房地产中介行业是关系民生福祉的重要行业，近年来，我国房地产中介行业快速发展，在服务住房流通与消费、保障住房交易安全与公平等方面发挥着日益重要的积极作用。与此同时，房地产中介机构和人员素质良莠不齐，违法违规行为时有发生，损害了人民群众的合法权益，急需建立房地产中介行业信用管理体系，促进房地产中介行业持续健康发展。本文分析了房地产中介行业信用管理体系建设现状及存在的问题，基于加减分标准构建了房地产中介行业信用评价指标体系，并提出完善信用评价机制、促进中介行业发展的相关建议。

关键词：房地产中介行业；信用评价；指标体系；发展建议

一、引言

房地产中介行业作为房地产业的重要组成部分，是关系民生福祉的重要行业。近年来，我国房地产中介行业快速发展，截至 2019 年底，全国工商登记的房地产中介机构共 26.7 万家，分支机构（门店）9.2 万家[1]。随着我国进入存量房时代，房地产中介行业在服务住房流通与消费、保障住房交易安全与公平等方面发挥着日益重要的积极作用。然而，我国房地产中介机构和从业人员素质良莠不齐，违法违规行为时有发生，但由于我国尚未建立房地产中介行业信用管理体系，对房地产中介机构和从业人员的失信行为无法进行有效惩戒，制约了房地产中介行业持续健康发展。

笔者曾赴多个城市开展实地调研，深入了解了各地房地产中介信用管理体系建设情况。本文通过分析房地产中介行业信用管理体系建设现状及存在的问题，探索构建房地产中介行业信用评价指标体系，并提出完善我国房地产中介行业信用评价机制的建议，以期营造房地产中介行业"守信激励、失信惩戒"的执业环境，从而从根本上规范房地产中介行业行为，提高房地产中介从业人员素质，依法诚信专业开展中介活动，维护消费者的合法权益。

二、房地产中介行业信用管理体系建设现状及存在的问题

（一）发展现状分析

1. 国家及各省市有关政策文件梳理

近些年，国家越来越重视中介机构发展以及其信用建设管理，出台了众多有关中介机构信用建设管理方面的政策文件，指导全国中介机构信用建设工作开展[2]。根据《国务院关于印发社会信用体系建设规划纲要（2014—2020年）的通知》（国发〔2014〕21号）的文件精神，住房城乡建设领域社会信用体系建设是社会信用体系建设的重要组成部分。为加强住房城乡建设领域社会信用体系建设，及时、有效惩戒失信主体，住房和城乡建设部于2018年10月15日发布《住房城乡建设领域信用信息管理暂行办法（征求意见稿）》《住房城乡建设领域失信联合惩戒对象名单管理暂行办法（征求意见稿）》《住房城乡建设领域守信联合激励对象名单管理暂行办法（征求意见稿）》，对各地方包括房地产中介行业在内的住房城乡建设领域信用管理体系建设提出了明确的要求。

随着国家层面出台相应规定，各地方行政主管部门如浙江省、江苏省、湖南省、福建省、广州市、深圳市等，也发布了住房城乡建设领域信用体系建设有关文件，以不断推进信用信息管理平台、信用评价体系以及失信联合惩戒制度的建设。国家及部分省市信用管理体系有关的政策文件梳理具体见表1。

国家及部分省市信用管理体系有关政策文件梳理　　表1

地区	文件名称	发布单位	发布时间
国家	《国务院关于建立完善守信联合激励和失信联合惩戒制度加快推进社会诚信建设的指导意见》	国务院	2016年5月30日
	《国家发展改革委、人民银行关于加强和规范守信联合激励和失信联合惩戒对象名单管理工作的指导意见》	国家发展改革委、人民银行	2017年10月30日
	《国务院办公厅关于加快推进社会信用体系建设构建以信用为基础的新型监管机制的指导意见》	国务院办公厅	2019年7月9日
	《国家发展改革委办公厅关于推送并应用市场主体公共信用综合评价结果的通知》	国家发展改革委办公厅	2019年9月1日
浙江省	《浙江省住房城乡建设领域失信“黑名单”管理办法（试行）》	浙江省住房和城乡建设厅	2017年1月5日
湖南省	《湖南省房地产市场经营主体严重失信名单管理暂行办法》	湖南省住房和城乡建设厅	2018年9月6日

续表

地区	文件名称	发布单位	发布时间
厦门市	《福建省房地产经纪机构信用综合评价暂行办法》	福建省住房和城乡建设厅办公室	2015 年 9 月 30 日
	《关于开展房地产经纪机构及从业人员信用综合评价工作的通知》	厦门市国土资源与房产管理局	2018 年 11 月 1 日
	《厦门市住房保障和房屋管理局关于加强房地产经纪机构信用公示的通知》	厦门市住房保障和房屋管理局	2020 年 1 月 16 日
深圳市	《深圳市公共信用信息管理办法》	深圳市人民政府	2017 年 8 月 10 日
	《深圳市人民政府办公厅关于印发深圳市社会信用体系建设联合奖惩工作方案》	中共深圳市委办公厅、深圳市人民政府办公厅	2012 年 11 月 16 日
武汉市	《武汉市房地产经纪机构和经纪人员信用信息管理办法》	武汉市住房保障和房屋管理局	2019 年 10 月 28 日
广州市	《广州市房地产中介信用管理暂行规定》	广州市住房和城乡建设委员会	2017 年 7 月 24 日
南京市	《南京市房地产经纪与信用管理暂行办法》	南京市住房保障和房产局	2017 年 8 月 8 日

2. 各地方开展情况及经验做法

从实地调研情况来看，各地房地产中介行业信用管理体系建设存在着一定程度的不均衡性，建设思路和方法既存在共同点，也存在较大差异。信用信息库和信息平台作为房地产中介行业信用体系建设的基础和重要组成部分，部分城市已经建设了房地产中介行业信用信息管理平台，并且取得了较为明显的进展。但目前，已开展房地产中介行业信用评价的城市还较少，有部分城市出台了信用评价标准或办法[3-8]，未开展信用评价的城市主要原因是缺乏相应文件指导以及资金支持。同时，上海、天津、杭州等城市已建立黑名单制度，但由于黑名单制度建设时间较短且信用信息来源有限，目前各地方行业黑名单中人员数量很少。

实地调查还发现，各级住房和城乡建设主管部门主导行业信用管理体系建设的同时，也注重发挥行业组织的作用。从具体分工来看，行政主管部门主要负责发布信用管理有关政策，开展失信联合惩戒工作以及指导或直接开展其他信用管理体系建设工作。行业组织则在行政主管部门的指导下，负责会员信用档案建设，开展会员信用评价及形成自律黑名单等。

（二）存在问题

1. 信用管理体系覆盖对象不统一，且覆盖面受限

目前，各城市房地产中介行业信用管理的主要对象重点不同，有些城市如厦门市、深圳市信用管理的对象包括在本市从事房地产中介活动的房地产中介机构及人

员；有些城市如南宁、桂林信用管理的对象主要为房地产中介协会的会员单位及会员单位从业人员；有些城市如荆门、天门，仅对中介机构进行信用管理。从机构覆盖情况来看，由于房地产中介机构备案率低，很多机构游离于监管之外。实地调研中，机构备案率较高的湖北，机构备案率能达到67.8%，其他大部分城市的备案率低于30%。

2. 信用信息采集的内容少，难度大

目前行业主管部门采集到的中介行业信用信息内容整体偏少，且信用信息的收集没有实现经常化，尚无法满足信用评价工作的需要。以房地产中介机构不良行为信息为例，各地收集的渠道主要有三种：一是政府主管部门在日常监管中获取；二是行业协会通过走访等方式发现；三是社会公众、媒体通过正当程序投诉反映。通过这些渠道收集的房地产中介机构不良行为信息，存在信息收集难、偶然性强、核实需要花费较长时间等问题。

3. 信用信息共享机制未有效建立

基于调研的实际情况来看，各地信用信息平台共联、数据共享机制尚未形成。分析其主要原因：一是信用管理相关法规制度不健全，信用信息共享的机制尚不完善，缺乏统一的组织和协调；二是不同主体间信用信息共享积极性不高，行业主管部门难以获取市场监管局、税务局、银监局等部门或司法机关查处的违法违规信息；三是数据标准不统一，使得数据难以共享等。

4. 信用体系建设行业参与度不够，社会认可度不高

因房地产交易具有低频性的特点，普通家庭一生通常仅交易几次，老百姓对于中介机构及人员信用等级、交易环节等信息关注较少。加之行业主管部门、行业组织对行业信用评价宣传力度和覆盖面受限，社会公众关注度不高，对于房地产中介行业的信用评价客户知晓度不够，对开展业务影响不大，很难引起房地产中介机构和从业人员的重视。

三、房地产中介行业信用评价指标体系构建

本文在参照国家有关政策要求和《企业信用档案信息规范》（GB/T 31952—2015）、《政务服务中介机构信用等级划分与评价规范》（GB/T 39683—2020）等国家标准的基础上，结合我国房地产中介行业特点，综合各城市信用体系建设经验，考虑目前房地产中介信用信息库建设现状、数据可得性以及实际可操作性等因素，以房地产中介机构为研究对象，提出了基于加减分标准的房地产中介机构信用评价指标体系，以期形成行业竞合共生的新生态、优胜劣汰的新环境。

（一）评价内容及指标体系

1. 加减分项指标

目前，各城市房地产中介行业信用评价采用的评价方法较为一致，即：信用分 = 基础分 + 良好行为分 − 不良行为分，但是各地建立的信用评价指标体系中，评价指

标数量众多且不尽相同，有些信用信息数据也难以采集和更新。笔者在综合各城市房地产中介行业信用体系建设情况的基础上，充分利用全国信用信息平台的公共信用信息、监管部门公示信息和互联网披露并经核实的舆情信息等，将房地产中介机构信用评价指标体系分为三级，其中一级指标主要包括司法裁决、行业监管、行业自律、商务诚信、负面舆情、经营状况、守信激励、社会影响 8 项，二级指标 18 项，三级指标 22 项，具体见表 2。

房地产中介机构信用评价指标和分值　　表 2

大类	一级指标	二级指标	三级指标	分值
减分项指标	司法裁决	失信被执行人	被最高法列为失信被执行人	−50
		被执行人	被最高法列为被执行人	−10
	行业监管	行政处罚	因违反《房地产经纪管理办法》等法律法规，被行政主管部门没收违法所得、依法处以罚款、停业整顿等行政处罚	−30
		行业惩戒	被行业主管部门约谈，或被责令限期改正、取消网签资格等	−20
		监督检查不合格	行政主管部门日常监督检查中发现房地产中介机构及从业人员的违法违规行为、经查证属实的被投诉举报记录等情况	−20
		异常经营	企业公示信息隐瞒真实情况、弄虚作假	−15
	行业自律	自律惩戒	受到行业组织自律惩戒	−10
	商务诚信	未书面告知	未向委托人说明服务内容、收费标准、代办贷款、代办房地产登记等情况	−15
			故意隐瞒房屋瑕疵信息	−10
		合同失约	未完成合同约定事项或者未达到合同约定标准，合同造假、合同欺诈等失信行为	−20
			合同未由从事该业务的 1 名房地产经纪人或 2 名房地产经纪人协理签名	−15
			恶意克扣押金、租金及其他保证金或预定金	−10
		商务失信	发布虚假房源信息和广告，或者发布其他不实信息	−15
			通过捏造或者散布涨价信息等方式恶意炒作、哄抬房价	−10
	负面舆情	负面报道	因房地产中介活动问题引起的群体性、恶性信访事件或新闻媒体负面报道	−10
加分项指标	经营状况	资金规模	注册资本	4
		经营时长	从业年限	3
		持证员工数量	房地产经纪人、房地产经纪人协理数量	3

续表

大类	一级指标	二级指标	三级指标	分值
加分项指标	守信激励	机构荣誉	获得国家、省、市政府，行业主管部门，行业协会等荣誉	4
		市场表彰	获得新闻媒体、社会公益组织奖项或者表彰	6
	社会影响	社会公益	参与慈善救助和社会公益等捐赠活动	4
		行业调研	积极配合政府部门开展房地产中介行业调研，调研成果被相关部门采用	6

其中，减分项指标（分值占 70%）主要包括房地产中介机构存在违法违规、违约失信等不良记录的指标项，采用扣分制，分值 70 分，最低得 0 分；加分项指标（分值占 30%）主要反映房地产中介机构经营能力和守信状况的指标项，采用加分制，从 0 分起满分 30 分。

2. 否决项指标

否决项指标为房地产中介机构信用评价时应一票否决的项目，即无信用等级或者信用等级列为最低。本文基于《政务服务中介机构信用等级划分与评价规范》(GB/T 39683—2020)，结合房地产中介行业特点，将房地产中介机构信用评价否决项指标分为合法性、合规性、稳定性、安全性、黑名单 5 个指标，具体见表 3。

房地产中介机构信用评价否决项指标　　表 3

否决项	说明
合法性	未经依法登记；未依法取得营业执照；未按要求取得房地产经纪机构备案证明
合规性	采取隐瞒、欺诈、胁迫、贿赂等不正当手段诱骗、强迫客户交易或报复客户；诱导、教唆、协助购房人通过伪造证明材料等方式，骗取购房资格、规避限贷等违规行为；违规提供金融产品；违规收取费用或者赚取差价
稳定性	运营不足 1 年
安全性	泄露或者不当使用客户信息或者商业秘密，谋取不正当利益的行为
黑名单	出现严重失信行为，被列入企业经营异常名录或者严重违法失信名单

（二）评价方法

房地产中介机构信用评价满分 100 分，根据指标类型分为扣分项指标和加分项指标。本文采用简单的统计学方法，具体评分计算方法如下：

1. 计算扣分项指标中各指标项扣分分值，从满分 70 分起扣，计算扣分项指标累计得分：

$$P_1 = 70 - \sum_{i=1}^{n_1} P_{1i}$$

其中 P_1 为扣分项指标最终得分，P_{1i} 表示扣分项指标中各项指标扣分分值。

2. 计算加分项指标中各指标项分值和加分项指标累计得分：

$$P_2 = \sum_{i=1}^{n_2} P_{2i}$$

其中 P_2 为加分项指标最终得分，P_{2i} 表示加分项指标中各项指标得分值。

3. 根据扣分项指标累计得分和加分项指标累计得分计算综合得分 P。

$$P=P_1+P_2$$

（三）评价结果

房地产中介机构的评价结果是对房地产中介机构与信用相关因素进行综合评定的结论，按照行业惯例，多用 A 级、B 级、C 级或一级、二级、三级划分不同的评价结果。本文根据房地产中介机构评价等级划分区间确定房地产中介机构信用评价等级，划分为 A、A−、B、B−、C、C− 六个等级，详见表 4。

房地产中介机构信用评价等级划分表 **表 4**

评价等级	等级说明	对应分数区间
A	信用极好，信用能力强，经营几乎无风险	（90，100]
A−	信用优良，信用能力可靠，经营基本无风险	（80，90]
B	信用较好，信用能力较稳定，经营风险较小	（70，80]
B−	信用一般，信用能力一般，有一定经营风险	（60，70]
C	信用较差，信用能力较低，有较大经营风险	（50，60]
C−	信用很差，信用能力很低，存在很大经营风险	[0，50]

四、完善信用评价机制、促进中介行业发展的相关建议

（一）制定或完善相关配套政策法规

为保证地方信息报送、信息共享平台建设工作以及信用评价工作的开展，应尽快出台相应的政策法规。建议尽快完善《住房城乡建设领域信用信息管理暂行办法（征求意见稿）》《住房城乡建设领域失信联合惩戒对象名单管理暂行办法（征求意见稿）》《住房城乡建设领域守信联合激励对象名单管理暂行办法（征求意见稿）》并发布，制定公共信用信息目录规范、公共信用信息评价规范等配套政策法规，为各地开展相应信用评价工作提供指导。

（二）统一房地产中介信用信息数据标准

目前，各城市行业信用评价工作的开展并不尽如人意，且开展主体、评价范围、评价周期、评价指标体系上并不统一，不利于各个城市形成横向对比。由于目前尚无

统一的房地产中介信用信息数据标准，各级主管部门以及各有关部门在建设信用信息平台时缺乏相应的指导，后期的信息推送中很可能出现数据格式、数据接口不统一而影响数据及时有效推送问题，因此，应尽快统一行业信用信息数据标准。

（三）推动房地产中介行业信用评价工作落地

房地产中介行业信用评价是社会信用管理体系的重要组成部分，信用评价结果是房地产中介行业失信联合惩戒对象名单来源之一。在综合各地信用评价建设机制的基础上，为保证信用评价工作的开展及推行，笔者认为应充分发挥行业组织作用，建议：一是委托全国性行业协会对各个城市信用评价工作进行研究，梳理评价指标体系，尽快出台信用评价办法，并在部分城市开展试评价；二是尽快在有关办法中明确授权或委托全国性和各地方行业协会组织实施房地产中介行业信用评价工作；三是搭建全国统一的房地产中介行业信用评价平台，实现全国范围内信用评价信息数据共享。

（四）制定行业自律黑名单行为认定标准

目前，各城市黑名单适用范围、行为认定标准均不统一，有些城市虽然建立了黑名单制度，但并无相应的认定标准。行业协会向主管部门推送自律管理形成的黑名单信息，如认定标准不统一，不仅影响失信联合惩戒对象名单认定工作，也降低了行业协会自律管理的工作成效。另外，部分城市行业协会正开展城市间黑名单互认工作，如缺乏统一的黑名单认定标准，必将造成符合某城市的黑名单认定标准但不一定符合另一城市黑名单认定标准的情况出现，行业性约束和惩戒工作无法有效开展，可由全国性行业协会制定全国统一的黑名单标准，报住房城乡建设部同意后实行。

（作者单位：中国房地产估价师与房地产经纪人学会）

参考文献：

[1] 王霞，王欢，程敏敏．房地产中介行业发展现状及展望．中国房地产发展报告（2020）.
[2] 杭州市发展和改革委员会课题组．关于加强中介机构信用建设管理的思考．
[3] 河南省房地产估价师与经纪人协会．河南省房地产经纪机构信用评价暂行办法．
[4] 广州市房地产中介协会．广州市房地产中介行业信用评分评级管理办法．
[5] 成都市房地产经纪协会．成都市房地产经纪机构及销售服务人员诚信评定标准．
[6] 苏州市住房和城乡建设局．苏州市房地产经纪与信用管理办法（试行）.
[7] 厦门市房地产中介行业协会．厦门市房地产经纪机构及从业人员综合评价实施细则（试行）.
[8] 大连市房地产业协会中介专业委员会．大连市房地产中介企业诚信等级评定试行办法．

房地产经纪行业的数字转型：大数据与区块链机遇

杨智璇[1]　周新健[2]

摘　要：传统房地产经纪行业存在房源信息孤岛、交易流程冗长、交易代价高昂等特点。大数据与区块链技术能够破除信息孤岛、提供估值建议，洞悉产权情况，形成智能合约并简化交易流程。同时，大数据和区块链技术对行业产生冲击，在短期内会降低经纪机构收益、颠覆传统经纪人的素质模型，对行业发展提出挑战。文章基于大数据与区块链技术，探讨其在房地产经纪行业的数字转型中带来的发展机遇，分析行业转型的瓶颈与隐痛，并提出建议。

关键词：房地产经纪行业；数字转型；大数据；区块链；交易流程

一、房地产经纪行业的数字转型机遇

房地产经纪行业的传统模式在信息时代背景下受到冲击，经纪机构逐步由线下人力密集型的业务开展模式转向以线上为主的信息导向模式。这种转变与三方面因素密不可分：一是信息时代到来为房地产经纪业务发展提供数字转型机遇；二是房地产经纪行业逐步走向成熟，对突破信息瓶颈的需求增大，亟需转型发展；三是房地产交易过程中，多方参与主体对冗长的交易流程和较低的交易效率改进要求提升。

数字转型机遇与信息时代大数据背景密不可分。在房地产经纪行业中，大数据主要集中于以房地产经纪机构为核心主题的交易信息平台，信息处于闭环。虽然数据共享在一定程度上在企业内部共享了交易信息，缓解了经纪人员执业的信息不对称困境，但也存在一定的问题。与此同时，行业发展逐步走向成熟，房地产经纪行业执业人员日益壮大，行业管理对业内交易信息孤岛、房地产价值评估缺失、行业规范执业欠妥等问题亟需解决方案，尤其是通过信息共享实现交易监管，提高交易效率等方面存在极大需求。

二、房地产经纪行业的转型难题

（一）房源信息孤岛，房产估值偏差

1. 房源信息孤岛

房源是决定房地产经纪机构能否获得后续收益的基础。目前，国内经纪行业尚未建立成熟的房源共享系统（MLS，Multiple Listing Service），经纪机构的房源信息处于相互隔离状态。然而，房源信息隔离不利于机构为客户提供高效率和高品质的居间服务，同时，客户选房时会接触不同的经纪机构，以获得最有效的信息，从而增大了交易成本，降低了交易效率。

2. 房产估值偏差

通过经纪机构成交的交易价值有时与市场公允价值存在一定的偏差。究其原因，一方面，是因为各大经纪机构相互独立，单个机构成交信息数据量不足，参考标的样本量较小，会导致成交价格与市场价偏差的情况出现；另一方面，部分经纪人员会因急于开单，以促成交易为目的，导致经纪人员在撮合买卖双方洽谈成交时，会暗箱操作以提高买方的心理价位、降低卖方的心理价位，使得在形式上买方的心理价位高于卖方的心理价位，卖方心理价位低于买方心理价位，最终形成价格上的交集以达成交易，但是实质上，该成交价格偏离了公允价值。

（二）房屋产权信息灰色，交易效率偏低

1. 产权信息处于灰色地带

在房屋产权交易过程中，经纪机构无查询房屋产权的资格，对于房源是否有抵押、共有产权人等产权信息了解渠道受限，使得买方在产权交易前对房屋产权能否顺利过渡缺失信心，而依赖经纪机构的品牌效应和个别经纪人员的职业道德进行交易，但是在某些情形下存在由于权利瑕疵等问题产生权属纠纷。通过机制设计使产权信息清晰透明是解决此问题的有效方式。

2. 交易流程冗长

由于房地产交易标的价值巨大，所以买卖双方在交易过程中十分谨慎。交易过程中涉及的流程及法律文件复杂，例如房屋实地查看、交易价格商定、买卖合同签订、按揭办理、产权转移等。尤其是按揭办理的过程，由于涉及银行对买房人征信情况的审核和贷款的审批，交易流程会进一步拉长。交易流程冗长一方面影响了房地产资产的市场流动性，另一方面也限制了买卖双方交易的灵活性和自主性。

3. 交易代价较高

房屋权属交易中的成本分为两部分，一是交易佣金和税费成本，二是交易时间成本。交易税费按照当地的税收制度进行调整；佣金标准则按照行业要求，一般以交易标的总价的 1%～3% 收取。由于房地产交易标的额巨大，对于交易双方而言，其交

易代价较高。其在一定程度上造成经纪业务流单、跑单的情况屡见不鲜。在时间成本方面，买卖双方在进行交易决策前，会有较长时间的观望期，使得行业整体交易效率有待提升。

三、大数据与区块链机遇

（一）大数据破除信息孤岛

1. 房源共享系统

房源共享系统的搭建目的是为了打破各经纪机构的房源壁垒以提高房源信息质量，在操作流程上，可通过房地产经纪人学会或者区域住房管理部门搭建信息平台，直接面向卖方，由其将房源信息上传至系统；平台方审核房源信息的真实性和准确性，再经由信息平台隐藏卖方个人信息和联系方式，将房源信息面向经纪机构或者经纪人员共享；最后经纪机构或经纪人员可以通过平台联系到卖方。在收费标准上，房源信息共享平台收取卖方房源信息的管理费，不收取成交后的佣金。通过以上方式，一方面可以保证房源信息的真实性和准确性，另一方面，打破了各经纪机构之间房源信息不共享的壁垒，让经纪人员在为购房人推荐房源时拥有全面、有效的信息。

2. 大数据智能估价

传统的房地产估价方法主要包括市场比较法、收益法、成本法和假设开发法，对于同类型物业交易比较活跃的市场，市场比较法应用较多。但传统估价方法主要通过房地产估价师的个人经验和预测能力来对市场进行判断。市场比较法中需用到结构化数据和非结构化数据。结构化数据是指可以精准量化的数据，比如建筑年代、建筑面积、得房率、成交价格等信息；非结构化数据是指户型、朝向、楼层、区位等无法精准量化的数据。对于非结构化数据，估价师的判断存在个体差异。

运用大数据进行智能估价也主要基于市场交易数据，上述房源共享系统可以积累大量的历史成交数据。智能估价系统可以基于该共享系统，直接使用结构化数据，并且依据事先对非结构化数据进行量化的逻辑，将结构化数据和非结构化数据相结合，快速估算出标的的价格。智能估价可以用于买卖双方对于标的定价的参考，也可以用于银行抵押时提供价格参考。然而，智能估价和传统的人工估价并非取代与被取代的关系。人工估价可以对系统进行纠错，智能估价也可以作为人工估价的参考，两者相互补充，为行业提供更为准确的估价结果。

（二）区块链技术完善房屋产权信息

区块链技术具有非对称加密和防篡改等特性，在保护隐私、资产穿透方面具有天然优势。具体而言，房屋的产权信息可以从一手房买卖时就开始上链，到抵押贷款的办理、二手房买卖、共有产权人的登记等全程信息上链，该过程需要房屋管理部门、产权登记部门、银行等相关方的共同参与，以保证上链信息的准确性以及防止产权变更遗漏未上链。由于区块链是分布式账本，所以信息上链后不同于中心化数据库那样可以随时更改，链上所有信息更改都会留痕，从而保证了链上信息的准确不可篡改特性。

在房屋产权信息上链后，相关参与方可以通过公钥与私钥的方式，在业主授权下对房屋产权进行查询。具体而言，房地产经纪人员可以在业主授权下查询房屋产权信息，帮助买房人高效可靠地完成标的产权信息尽调工作，从而大幅提高交易效率。

（三）“区块链 + 智能合约”简化交易流程

房地产交易区块链中可以植入智能合约。智能合约是一种旨在以信息化方式传播、验证或执行合同的计算机协议。智能合约允许在没有第三方的情况下进行可信交易，这些交易可追踪且不可逆转。为了让房地产交易在区块链上高效、准确地完成，目前最优的解决方案还是以联盟链形成交易区块链。

1. 联盟链的搭建

联盟链是区块链三种形式之一，其相对于公链和私链，具有一定的应用优势。公链的参与方是不受限制的，全网任何人都可以参与节点验证，由于房地产交易具有专业性以及涉及交易双方的部分隐私，所以不适合由全网共同验证。私链一般用于单个企业内部使用，由于房地产交易涉及买卖双方、经纪机构、银行、产权登记中心、住房管理部门等多个跨企业或跨个人的参与方，所以私链也无法满足行业发展要求。而联盟链由于可以按照交易环节设置不同的参与方、按照业务专业性为不同参与方设置不同的权限，既有效保护用户隐私，又保证交易流程有序开展。联盟链中，参与房地产交易的相关方及其职责如下：

- 卖方：房屋的所有者，房源信息的发布，产权转移发起，收款确认；
- 买方：房屋的购买者，付款发起，产权转移确认；
- 经纪机构：买方的代理人，房屋信息尽调，买卖合同拟定及上链；
- 银行：贷款发放，交易资金流转中间方和监管方；
- 产权交易中心：房屋产权静态及动态管理；
- 行业协会：房源信息的审核，交易规则的制定；
- 住房管理部门：联盟链的开发及维护方。

2. 智能合约在交易流程中的应用

智能合约在交易流程中自动执行买卖合同，完成贷款、房款支付和产权转移。当经纪机构将买卖双方认证的买卖合同上链后，银行自动将买方的首付款划转到卖方，银行对买方的征信和贷款资质审核通过后，产权交易中心自动完成产权从卖方到买方的转移。银行释放贷款至卖方账户，同时房屋产权上标记抵状况。

以上流程全部在链上完成，在交易全程中留痕，方便后期查询以及作为发生纠纷时的存证。由于每个步骤都是按照事先编辑好的程序，条件触发后下一动作会自动执行，从而减少了买卖双方线下跨机构的沟通时间，使交易流程更加顺畅、高效。

四、数字转型瓶颈及行业变革隐痛

（一）行业整体收益回归理性

在传统模式下，房地产经纪机构主要依靠拥有大量高质量的房源信息供客户选择、作为中介平台为买卖双方提供信用背书、帮助买卖双方办理交易手续来收取佣金。提供房源信息和促成交易是经纪机构和经纪人员获得收益的主要渠道。

在应用大数据和区块链技术后，由于交易机制发生改变，上述收入会大幅降低。首先，房源信息将在全行业共享，卖方只需支付房源管理平台一定的管理费即可将房源上传到平台，经纪机构将失去卖方支付的佣金。其次，由于区块链交易平台具有可溯源、不可篡改等特性，支付及产权转移流程都在链上完成，交易双方的信任可以依赖于区块链系统，经纪机构作为信用背书的平台的作用将被弱化。最后，由于植入了智能合约，支付和产权转移的流程都是条件触发式完成，所以无需经纪机构协助买卖双方办理烦琐的交易手续。

（二）行业从业人员执业更加规范

在传统模式下，经纪机构鼓励经纪人员一切业务活动以促成交易为最终目的，在对买方介绍房源时，不免对房源利好消息进行夸大和不实宣传。在价格方面，为了撮合交易，也会通过降低卖方心理价位，提高买方的心理价位的方式，尤其在某一方对市场交易情况掌握不明晰的情形下，损害交易方的利益。

在数字化变革后，经纪人员的素质会向更为规范和专业的方向转型，提供的服务会更为细致，以增强客户体验感和满意度为目的。由于房源、房屋估价、背书效应、代办手续等不再是交易过程中的难点，因此，帮助买方挑选合适的房源、做好房屋实物及产权背景调查、全面分析交易标的信息、提供专业谦和的服务等，将会成为未来房地产经纪机构的核心执业优势。

五、结论与建议

通过大数据和区块链技术，可以打破房源信息孤岛效应，提高估价参考，完善房屋产权信息，简化交易流程，从而为买卖双方降低交易成本，降低交易代价，从而提高房地产的资产流动性。尽管房地产经纪行业的数字化转型会为行业带来隐痛，对房地产经纪机构和经纪人的现有素质模型提出了挑战，但是行业的数字化变革是数字经济时代背景下的不可逆趋势，房地产经纪机构只有通过自我革新、提早布局，方能在行业变革到来时应对自如。

（作者单位：1 东北财经大学投资工程管理学院；2 海南抹链科技网络有限公司）

房地产经纪新业态模式发展及中小企业如何应对

——以贝壳找房经营模式为例

华　洪

摘　要：随着新一轮科技革命和产业革命的深入发展，各类新业态新模式不断涌现，房地产经纪行业也不例外，本文以贝壳找房模式为例，深入分析贝壳找房平台的运营模式，其发展对房地产经纪行业产生的影响，并提出中小企业如何应对的建议。

关键词：资本运作；平台运营；加盟；跨机构分佣

一、传统房地产经纪模式面临的挑战

（一）传统房地产经纪服务模式存在天然弊端

从本质上讲，房地产经纪服务是对购买、租赁需求和房产资源进行匹配，加速转化的过程。而在实践当中，传统行业运营模式却与上述服务实质形成悖论：一方面，传统中介业内惯于隐藏核心要素即试图把持信息不对称优势，与经纪服务高效匹配实质相悖；另一方面，业内“以人为本”各自为战，强迫将每一个经纪人员打造成找房源、找客户、带看房、促成交的全能型人才，最终的结果就是大多数经纪人员什么都会，又什么都不精通，自然不能提供让客户满意的服务；再则，房地产经纪服务环节众多，但按照传统最后谁成交谁拿佣金，中间环节的劳动得不到尊重，于是演化出“成交为王”的不择手段，并最终形成劣币驱逐良币的恶性竞争。

根据深圳市房地产中介协会（简称深房中协）2019 年佣金调研结果显示，房地产中介行业同质化竞争严重，市场上机构对外公布的二手房佣金平均收取标准为成交额的 2.73%，对外最低要价为 1%。从数据层面看，普遍存在的佣金折扣现象，这也是当下房地产中介行业面对同质化竞争的无奈缩影（见图 1）。而根据深房中协中介标准指数分析，近年来，随着市场持续深度调整，行业精细化、寡头垄断化趋势越发明显。综上，一方面佣金议价能力明显不足，只能靠低价竞争“苟延残喘”；一方面受行业集中化发展趋势影响，生存空间不断被挤压，占据行业绝对多数的中小企业已游走在行业迭代淘汰的边缘，时刻面临着生存压力。

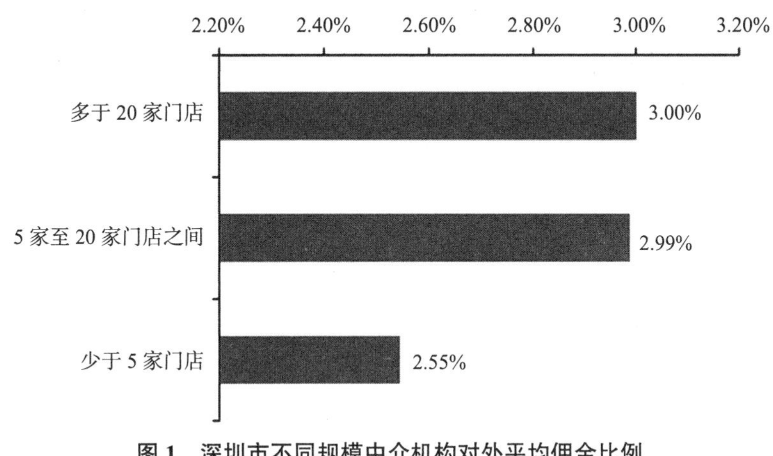

图1　深圳市不同规模中介机构对外平均佣金比例

数据来源：深圳市房地产中介协会

（二）房地产经纪新业态新模式迅速发展

据不完全数据显示，目前深圳入驻贝壳的门店约占行业门店总数的三分之一。由此，“贝壳系”形成了以贝壳找房平台为载体，以链家为核心嫡系主力，德佑品牌为辅助力量的运营梯队，同时，还积极吸引览众、糯家等新经纪品牌“会盟”，不断扩大平台在行业内的影响力，初步搭建起了具备渗透市场份额能力的行业全维度战略格局。

二、贝壳找房模式的探索及创新

（一）推动ACN合作分享协作机制

在贝壳主推的ACN（Agent Cooperate Network，经纪合作网络）协作机制下，加盟的中小企业可以分享到原链家强大的数据流量及其专业化、规范化的配套服务；贝壳与德佑也能分享到加盟企业的成交提成，各得其所。但往深处思考，不同于传统互联网平台依赖技术和平台流量来赚端口费的一锤子买卖，ACN合作分享的表象下或伏有深意。

客观而言，ACN协作机制中重要的一点，即保障了业务前、中期服务者的协作分享收入（据说最高可得成交佣金35%）。从表面上看，所有入驻贝壳平台的企业都能平等公平地获得这种合作机会。但这套协作机制得以开展的基础在于平台的“信用排名推送模式”，而该信用评级全套照搬链家沿用多年的评价模式，加之链家自身规范化程度远高于加盟各企业，使之在贝壳的平台内的信用评级优势明显。与此同时，链家还可以凭借其高效的数据信息匹配、专业化的团队、优质的品控等优势，使之在这场协作中握有更多获取佣金分享的主动权。更重要的是，一旦加盟的企业（特别是中小企业）将其原本掌握的深耕片区房、客源信息在平台上分享，链家便可轻而易举地将触手渗透其中，逐渐分享、侵蚀市场份额，并最终获得市场定价权及更多话语权。

客观地说，ACN 机制虽然存在佣金被分享，独家房源与客源信息被渗透蚕食的代价，但也的确能够帮助中小企业降低交易时间成本，提高交易效率，增加佣金获取能力，对于中小加盟企业而言诱惑力十足。

（二）租售并举，打造存量房市场全生命周期闭环

除了在房地产中介居间业务上通过主力与辅助力量布局，同步做到了传统中介业务的扩张与穿插之外，链家早在 2011 年就默默地在住房租赁领域布下了“自如”提供租房产品，比被称作“中国长租公寓元年”的 2017 年早了整整 6 年。

前有链家，今有贝壳，自如借助此方面渠道优势所建立的房、客源能力，轻松超越同类型企业及平台，在住房租赁市场稳迄“一哥”地位，并终将帮助贝壳形成房地产交易及服务“完全生命周期”的闭环生态系统。该生态系统依托自如租赁，为消费者提供涉及全生命周期公寓产品的同时，还通过产品细分的方式以达到长线蓄客的作用，并且通过自如提供的一站式家政、装修、搬家，甚至是租赁金融等服务，提高品牌的黏性；而租赁的消费者一旦进入买卖市场，贝壳则可以借助品牌优势以及消费者对于品牌的认知惯性，低成本的将自如长线积累的客源推介并转换为链家或德佑的潜在买卖客户，当完成买卖的客户一旦想再次放盘租赁抑或是放盘买卖，也都会基于品牌惯性，再次将盘源委托给贝壳。最终，贝壳通过对消费者的需求进行分层满足，将传统带有“一锤子”买卖性质的居间服务，变成覆盖房地产交易全生命周期产品的闭环体系。

三、贝壳找房模式存在的问题

（一）垄断的外部不经济性

对于行业垄断，深房中协自 2017 年起便已高度关注，特别是在《2017 年深圳市房地产中介行业白皮书》中，就对行业垄断的负面影响做过系统研究：一方面，寡头企业一旦形成，其利润来源就不再需要依靠服务提升或技术、组织创新，只需将其企业的边际成本与行业社会成本划等号就可获取超额利润，从中长期来看必然有害于行业的整体优化与创新；另一方面，垄断所带来的负外部性就是对社会和消费者的福利造成直接损害（可详见《2017 年深圳市房地产中介行业白皮书》，此处不再赘述）。

（二）平台及其店东的责任归属尚不明朗

据介绍，贝壳与德佑对加盟企业收取一定金额（一般 8 万～10 万元人民币）的

保证金，作为约束加盟企业合规经营的担保。一旦加盟企业出现违规经营，或出现消费者投诉处置不及时，贝壳会扣罚一定数额的保证金。如遇严重违规或严重侵害消费者权益的行为，还可全额没收其保证金，甚至摘牌不再合作。

但于消费者而言，这套制度设计虽能起到一定的约束作用，但如果遭遇重大案件（如卷款跑路、大额欺诈等现象），贝壳是否能够跳出其商业本能，愿意真正维护消费者受损权益，以及保护及弥补受到破坏的行业声誉，仍须留给市场与时间来验证。

（三）平台—品牌—店东三级模式下的人员管理机制尚须完善

根据深房中协数据跟踪，近三年来深圳市房地产中介行业从业人员流失比例高达53%，从业人员高流动性特征明显。事实上，这种从业人员高流入与高流出的现象，不利于行业的稳定性发展，同时也给行业监管与企业规范化管理带来了不小的挑战。

据贝壳反映，贝壳对于加盟企业的从业人员均是实名认证，并对每一名从业人员配予唯一的平台登录 ID 账号，从形式审查角度看，这种人员实名认证的确很有必要。但深入研究却发现，虽然在交易过程中，每个阶段业务的操作都是需要实名登录的，但在实际监管过程中却无法保障实际操作人员与实名认证人员之间的识别与匹配，这就存在实际操作人员利用实名认证人员账号登录系统，进行业务操作的可能性。同时，这种重形式轻过程的监管方式，审查仅限平台内闭环，对外部其他企业封闭，存在人员执业审查的盲点及隐患，也无法从根本上根除加盟企业从业人员在多家中介企业间交叉上岗的问题，加大了交易风险出现后追责监管的难度。

四、中小企业的生存之道

（一）坚持区域深耕，发挥相对优势，做到“我的地盘我做主”

如果从船小好调头以及渠道下沉两个维度分析，中小企业在这场行业大变革中并非只能束手待毙。根据深房中协中介标准指数显示，2019 年一季度深圳市新增备案分支机构 39 家，深圳市盛安居地产有限公司表现明显，新增 10 家地铺，占比 26%。不同于行业龙头企业需在全市范围内“撒胡椒面”式的布局，中小企业客观上更容易发挥深耕片区的优势，与行业龙头企业形成比较优势——面对在一定片区内深耕的中小企业，行业龙头企业无法摆脱拓店边际效应的影响，无限制拓店开铺竞争的效果并不理想，这也在空间上为深耕片区内的中小企业创造了业务缝隙与生存空间。

（二）提高客户黏性，保持品牌独立性

中小企业的生存之道本就在于业务的细水长流。通过深房中协创设的房地产中介行业“峰终模型”分析（见图 2），可以清晰地看到，由于房地产中介行业居中性质突出，与社区居民往来密切，可以在交易完结后，专门设置客户“终”值体验的环节，从提高房地产中介的社区黏性为出发点，让房地产经纪人员深入社区，融入社区生

活。例如从不随地吐痰、不聚集门口抽烟，随手带走杂物、公共场合友善礼貌、照顾社区老人与小孩，为社区群众提供免费饮用水以及雨伞等服务做起，有能力、有条件的还可以发挥经纪人专业特长，在交易完结后，为客户提供长期专业的咨询、分析服务。这些举措都有利于与客户建立长期信任的关系，提升客户交易后的“终”值体验感，最终促成房地产中介企业变成社区友好型的配套服务商（让客户顺理成章地成为“回头客”）。

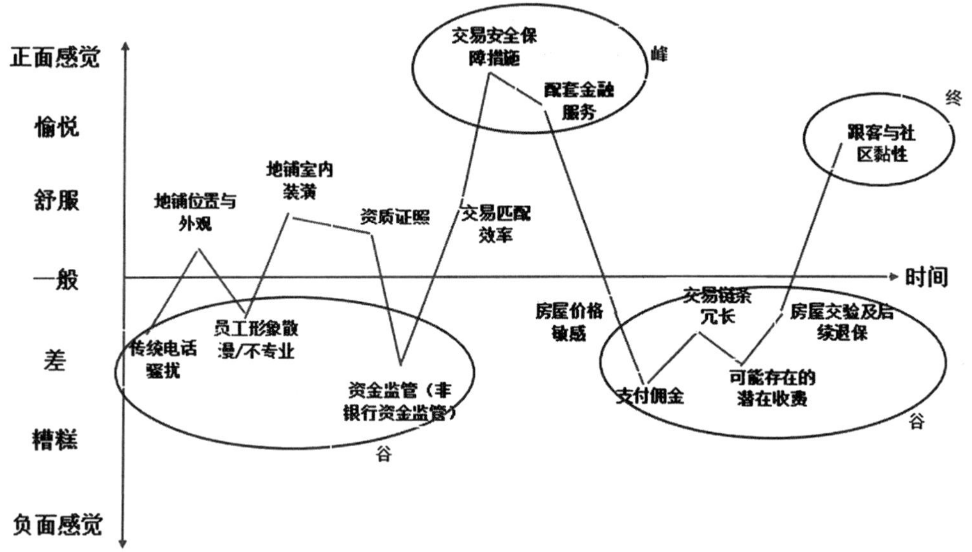

图 2　房地产中介行业峰终模型

数据来源：深房中协标准指数

五、行业自律管理的几点思考

链家也好，贝壳也罢，其模式的快速扩张以及在市场中的胜利，不能简单地归于资本的强大助推，毕竟前有搜房，后有 58，同样不缺乏资本的力量。行业内需要更理性地思考这一切变化背后的真正大趋势——即伴随着中国房地产市场不断走向成熟，消费者对中介服务，以及对交易体验的核心诉求，已显著呈现出内涵专业、服务高效、需求多样的升级特征；互联网所带来的信息公开透明必将持续冲击以信息不对称为立足点的传统中介服务“价值”观。传统粗放型“人海”“铺海”式的规模投入所得效应已肉眼可见的衰减，在可预见的未来，行业内外部需求必将促使房地产中介行业朝着专业化、标准化、规范化方向前行。

任何市场和行业的发展，都有其客观规律。以贝壳为代表的互联网 + 中介新业态经营模式在房地产中介行业中已屡见不鲜，并且已悄然成为行业内的一股主流发展趋势。随着行业转型升级的持续深入，未来房地产中介行业将有更多新业态的出现，为进一步适应行业发展的新动态，有必要加快对跨行业经营监管的研究工作，加快相关行业自律规范的补充与完善，填补此类监管空白。房地产中介行业组织应从行业的整体利益出发，以长期可持续发展为目标，在积极推进行业自律管理，实现精准规范和不断下沉从业细节、标准的同时，持续倡导求同存异，大小同权的发展观念，推进行业最终形成和谐共生的良性生态经营环境。

（作者单位：深圳市房地产中介协会）

基于利益驱动思维下的房地产经纪行业机制重建

欧　棕　刘元林　郭曙英

摘　要：近几年，国家加大了对房地产经纪行业违法违规行为的打击力度。各种违法违规行为往往是严查时销声匿迹，严查过后又雨后春笋般出现。这说明仅仅靠严查打压并不能解决根本性问题，只能从行业机制上寻找根源。本文基于亚当·斯密的"经济人"理论，从利益驱动的角度，重建了房地产经纪行业的运行机制。该机制以利益为引导，形成相互监督、制约，确保交易各方在实现自身利益最大化的同时，实现行业的规范化发展。

关键词：房地产经纪；"经济人"理论；利益驱动

从2016年开始，房地产调控已经历时近四年，在政府部门的强力调控下，房地产市场趋于稳定，价格逐渐平稳，甚至少数城市房价出现回落，房地产调控取得阶段性胜利。在此次调控过程中，房地产经纪行业成为被整顿重点，政府相关部门下了大力气，对其进行整顿。重点整顿期间，效果非常显著，但整顿停止后，行业的一些坏习气又开始死灰复燃。由此可见，房地产经纪行业靠短期的集中整顿，难以改变行业的痼疾。导致行业乱象的根源在行业运行机制上，只有重建行业机制，才能有效解决行业问题。

一、当前行业痼疾表现

（一）虚假房源

虚假房源一直是行业的一大诟病。2018年下半年，北京二手房市场开展实名发布房源，严查虚假房源，网上房源发布量下降80%以上，也就是说以前网上的房源有八成以上都是虚假的。比例之高，让人震撼。大量的虚假房源充斥在市场上，既降低了交易各方的交易效率，也大大降低了客户对行业的信任，损害了行业形象。

（二）乱收费

有些经纪人员利用客户不了解房地产交易，虚设收费项目。有些经纪人员在签订合同后，随意增加收费项目，不交就威胁终止交易。还有些经纪人员打着政府部门、银行等交易相关方的名义收钱。各种乱收费行为，增加了客户的负担，更让客户对行业失去了信任。

（三）为了成交，不择手段

有些经纪人员为了促成交易，利用一手托两家的信息优势，在交易过程中刻意隐瞒一些重要信息，或者转达不实信息，为交易后产生矛盾埋下隐患。有些经纪人员为了促成交易，信口开河，随意承诺，达成交易后，却矢口否认，拖延推诿，一副无赖嘴脸。可以说是为了确保成交，毫无底线可言，严重影响行业形象。

（四）同行之间，恶性竞争

在多方委托情况下，一个房源或一个客户可能在多个经纪机构得到过服务，但成交只能在其中一家。为了保证在自家机构成交，有些经纪人员恶意诋毁同行，或是在其他机构即将签订买卖合同时，随意捏造房源缺陷，虚构高价买家，直至买卖双方不欢而散，从而达到搅黄同行业务的目的。

二、产生行业痼疾的原因

（一）从业门槛低

按照现行的房地产经纪行业制度，房地产经纪人员从业是没有任何门槛的，也就是说任何人都可以从事该行业，导致大量无法找到工作的人，将该行业作为自己一个临时的工作，而不是将该行业作为自己的人生职业来对待。临时性的工作，必然带来短视，仅仅追求短期利益，无视违法违规对自身职业生涯的影响。

（二）违法违规成本低

由于当前法律法规不完善，对行业中存在的欺诈行为，没有明确的处罚措施，往往只能要求企业开除此员工以示惩罚。但是，在现阶段未实现实名制从业，未对交易过程全员监管的情况下，此员工可以到其他机构继续从业，甚至机构阳奉阴违仍让此员工在本机构执业，政府部门也没有办法确认此人是否已开除。所以说，房地产经纪人员的违法违规成本非常低，甚至可以说没有，行业监管对其根本产生不了威慑力。

（三）居间模式促使经纪方不择手段

居间模式是当前很多交易纠纷产生的根源。居间模式下，只有交易成功，经纪人员才能拿到佣金。经纪人员为了促成交易，拿到佣金，会利用自己掌握的信息优势，选择性传递信息，甚至刻意隐瞒，随意承诺，为交易埋下了很多隐患。

（四）多方委托导致经纪方利益无法保护

当前，买卖双方的习惯是委托多家机构为其买卖房产。在多方委托下，经纪人员是无法确保客户一定在自己手里成交的，也无法保证自己付出的服务一定可以得到回报。因此，为了保证自身的利益，经纪人员只能想尽办法将客户留住，从而导致经纪人员为了让客户在自己手里成交而不择手段。

三、基于利益驱动思维下的行业机制重建

根据亚当·斯密的"经济人"理论，任何人的行为都是以追求自身利益最大化为目的。在房地产经纪服务过程中，各方都只从自身利益最大化出发，损害了其他人的利益，从而产生了很多矛盾。如果以利益为引导，建立一套基于各方利益最优的行业机制，将有利于促进房地产交易流通，有利于促进行业的规范发展。

（一）房地产交易参与方追求的利益

1. 卖方的利益

卖方的利益可以归纳为以下几点：一是追求更高的销售价格；二是尽可能快的销售；三是不被太多的经纪方打扰；四是获得高质量的经纪服务。

2. 买方的利益

买方的利益可以归纳为以下几点：一是尽快找到最适合的房源；二是追求更低的购买价格；三是尽可能的掌握房屋的信息；四是获得高质量的经纪服务。

3. 经纪方的利益

经纪方的利益可以归纳为以下几点：一是尽快促成交易，收取佣金；二是避免客户跳单或同行撬单，保障自己收到佣金；三是如果有可能，赚取更多收益。

（二）各方利益最优下的路径选择

1. 卖方路径选择

为了追求更高的销售价格及尽可能快的销售，卖方必然希望尽可能多的买家知道自己的房源，会委托尽可能多的机构为其卖房，从而产生一个卖家委托多个经纪机构的多家委托模式。但在多家委托模式下，必然造成多家机构经纪人员轮番骚扰，降低服务体验。各经纪机构为了争取房源在本机构成交，并不能为卖方争取更高售价，甚至在撮合交易过程中产生欺瞒现象，最终无法实现卖方的最佳利益。多方委托并不能给卖方带来最佳利益。

2. 买方路径选择

为了追求尽可能快的找到合适房源以及更低的购买价格，买方同样会选择委托尽可能多的机构为其买房。在多家委托模式下，同样会产生经纪机构为了争取客户在本机构成交，并不能为买方争取更低价格，在撮合交易过程中产生欺瞒现象，无法实现买方的最佳利益。多方委托也不能给买方带来最佳利益。

3. 经纪方路径选择

在多方委托的背景下，经纪方的利益是无法得到保障的，迫使经纪人员千方百计地将卖方和买方留在自己手上成交，以实现自身利益最大化。由此，经纪人员必然会通过销售技巧挽留，刻意隐瞒，口头随意承诺，甚至恶意诋毁同行等各种手段让买卖双方尽快在自己手上成交，根本不会考虑卖方及买方的利益最大化。

（三）基于利益驱动下的行业机制

1. 独家委托制度

通过上述分析可以看出，在多方委托的制度下，经纪人员为了自身利益最大化，是无法帮助买卖双方实现利益最大化的。唯有将多方委托变为独家委托，通过独家委托的形式保障经纪人员的利益不会被其他经纪人员抢夺，经纪人员才会安心帮助自己客户争取客户的利益最大化。

2. 房源共享平台

在独家委托制度下，如何保障卖方在尽可能短的时间内将房源最大范围的发布出去，争取尽可能高的售价？这就需要政府或者行业组织建立基于整个行业的房源共享平台，让经纪人员有渠道将房源向整个行业发布。这个房源共享平台必须是建立在独家委托制度之上的，只有签订了独家委托的经纪人员才能在平台上发布房源，确保经纪人员对该套房源的代理权不受其他经纪人争抢。经纪人员只要将房源在平台上发布，平台上所有经纪人员都可以看到该套房源，瞬间实现房源的快速推广。平台上的经纪人员越多，推广效果越好，所以，房源共享平台必须是政府或者行业组织搭建的公益性平台，确保整个城市的经纪人员都可以加入。同样，买方经纪人员只要登录该平台，即可看到全市所有房源，帮助客户尽快找到合适的房源。

3. 单方代理制度

在当前的居间模式下，经纪人员同时是买方和卖方的代理人，一手托两家，在交易过程中必然无法同时兼顾买方和卖方的利益的。在利益驱动下，经纪人员会利用自己一手托两家的信息优势，选择性的传递信息，以便尽快让买卖双方在自己手上成交，而不会关心是否达到买方或卖方的利益最大化。所以，要想让经纪人员为买方或卖方实现利益最大化，只能推行单方代理制度。只有经纪人员真正成为买方或卖方的代理人，才能确保经纪人员与委托方的利益一致，才有可能实现委托方的利益最大化。

4. 实名从业制度

所有从业人员在从业之初，应当到政府部门或行业组织进行实名登记，建立个人从业档案。未进行实名登记的，将没有进入房源共享平台的权利。从而，实现了对所有从业人员信息的掌握。此实名登记是终身制的，一旦被列入行业黑名单，被行业强制退出，该从业人员将终身无法进入该行业。

5. 交易评价制度和行业退出制度

任何人都是趋利的，有了好的代理制度，还要有好的监督机制和处罚机制，不然经纪人员仍会为了自身利益，损害委托人利益。所以，还应当建立交易评价制度和行业退出制度。卖方或买方在交易结束后，可以对自己的代理人进行评价或投诉。在独家委托和单方代理机制下，卖方或买方与经纪人是一对一关系，责任容易界定，一旦政府或行业组织认定其违反了行业规则，可以进行处罚，严重违规者可以列入行业黑名单，禁止其加入房源共享平台的权利，让违规经纪人员无法再在行业中开展业务。通过交易评价制度和行业退出制度，对经纪人员实现有效监督和约束，促使其做好本职工作，为自己的委托人实现其利益最大化。

四、结语

市场经济下，作为一个“经济人”，追求自身利益最大化是必然的，结合各方利益诉求，政府或行业组织建立公益性的房源共享平台，并配合独家委托、单方代理、实名从业、交易评价及行业退出制度，建立起一套满足各方利益的交易体系，使房地产交易能够顺畅进行，行业乱象必将大大减少，房地产经纪行业将真正回归到通过提供服务体现自身价值的时代。

（作者单位：湖南经典房地产评估咨询有限公司）

参考文献：

[1] 廖俊平 . 房地产经纪行业研究 [M]. 广州：中山大学出版社 .

[2] 柴强 . 现行房地产经纪行业规则的问题与重建 [Z]. 北京，2019：1.

私人房产咨询师模式可行性研究

石　林

摘　要：本文从房地产经纪服务目前遇到的痛点问题出发，寻找在移动互联网时代房地产经纪服务的新模式。如何将服务贯穿始终，给购房者更好的经纪服务体验，尝试打破以房为核心的传统思维，创造私人定制式的专业经纪服务体验。

关键词：房地产经纪；房地产行纪；独立经纪人；互联网

一、疫情与互联网双重影响下的房地产经纪行业

回看过去的30年，中国房地产经纪行业可以说是迎来了一段非常美妙的时期，成交量逐年上升，成交价格屡创新高。房地产经纪公司和房地产经纪人员挣得是盆满钵满，而正是繁荣的表象让我们不愿改变，依旧遵循固有的业务模式。

如果说在繁荣之下，我们看不到差距，看不到可能的危机，但在2020年，这个行业中的所有人都必须看到，都必须面对现实，积蓄已久的危机还是爆发了。在疫情的不可抗因素和互联网的双重影响之下，房地产经纪行业必须转变。

（一）源自疫情的不可抗力

从正式复工开始，笔者就在观察疫情对房地产经纪行业的影响。很多大型房地产经纪公司的服务无法兑现，更多的经纪人员甚至连小区都进不去。在这段时间里房地产经纪人员过的也是相当的苦闷，无数房地产经纪人员在思考，疫情影响之下还会不会有人购房、置换、投资？购房者的关注点和资金的去向是否会转变？购房者对一手房的青睐性是否会提高？一系列问题促使房地产经纪行业必须进行改变，众多的经纪人员开始尝试利用短视频、直播等方式增加曝光量，但却不知互联网带来的曝光量是双刃剑，是需要支撑的。购房者对于行业的关注度上升了一个档次，现实对房地产经纪人员的要求也越来越高。所以在后疫情时代，专业度较高的房地产经纪人才能够摆脱现有的困境，在这一波浪潮当中独树一帜，独占鳌头。

（二）源自互联网的必然趋势

如果说疫情的影响不可抗力，把房地产经纪行业之前隐秘的伤疤揭开，那么，互联网对房地产经纪的影响可以说是一直存在的，我们知道互联网对行业的改变是必然的，但又不知道如何更好地利用它。

在互联网时代到来之后，“吃”变成了外卖，“穿”变成了网购，“行”变成了滴滴、共享单车，但唯独“住”依旧是要面对面线下进入售楼处，到中介门店，为什么不能线上购房？因为这里面牵扯的问题比较多，比如购房者不太会使用网络购买大宗商品、房产交易过程复杂、房产购买依旧要到现场实体查看，等等。另外，房地产经纪人员依旧是怀着以房为中心找购房者的原则，熟悉了更加直接的方式，邀约、带看、谈判、签约，所以并没有能够在第一时间给潜在购房者更好的感受，这也是行业与时代发展脱节的主要原因。

互联网＋房地产，更多的人把互联网当作一种媒介，当作一种获客渠道和一种服务类型的工具在使用，在虚拟经济爆棚的今天，没能够把房地产与互联网联系得更紧密。

在疫情期间，互联网的作用明显地占据了主动，线上第一次的全方位的压倒了线下。作为传统线下经济核心之一的房地产经纪行业也受到了极强的冲击，甚至是毁灭性的打击。所以，近些年来对于互联网的使用和互联网发展趋势带来的影响，房地产经纪行业并没有足够重视，没有太多主动的变化。致使在这波浪潮当中想重视却又没有抓手，这是现在行业遇到的最大问题。

（三）痛点与壁垒

目前，房地产经纪行业的痛点越来越多，壁垒却越来越少，无数人涌入到房地产经纪行业，即使在疫情期间，中介门店也是激增的状态，但是专业人员的素质和水平并没有本质上的改变，业务的运作方式特点也没能够进行突破，这就是痛点和壁垒的问题。

首先说痛点。作为守旧派实体经济代表的房地产经纪行业，痛点自然很多，模式守旧、人员流失大、培训成本高，随着互联网时代不断发展，房地产经纪行业的痛点并没有减少，反而因为互联网的介入使得行业产生了更多新的痛点，房源真实性始终受到质疑、购房者信息保护有限、没有现实体验感，等等。

其次说壁垒。壁垒就是这个行业的秘密和专业度，而这些壁垒和专业度随着时代的发展，购房人的经验逐渐地增加，包括从事这个行业的人越来越多，透露出的消息也越来越多，行业的原有的壁垒在逐渐地被打破，什么叫作专业？什么叫作服务？在这个行业当中已经越来越模糊，定义越来越不清晰，所以痛点在增加，壁垒却在减少。因此，房地产经纪行业必须重新思考未来，创新业务模式应全面依托互联网的优势，建立数据库，高效、可靠的为购房者提供全方位的服务体验。

（四）变局，破旧立新

这些年，笔者为多家房地产机构培训过数以十万级的房地产经纪人员，发现很多没有经验的人把房地产经纪行业当成一个挣快钱的行业，一旦没有达成目的就会离开。而那些有着丰富经验的房地产经纪人员掌握的知识和技能十几年来几乎没有改变。所有人对房地产经纪行业的认知似乎都停留在十几二十年前。

无论是对于人才培养，还是对于购房者的需求把握，都在面临着不同的挑战。必须要变，一定要经历破旧立新这样的一个过程，破的是原有的模式，原有的方式，原有的知识结构，原有的对行业人员的认知要求。

中国房地产估价师与房地产经纪人学会组织实施的资格考试是最好的规范行业人员素质的方法，是希望能够让行业更加规范，提供高品质的服务，这是我们希望看到的专业房地产经纪，也是愿意深耕房地产经纪行业十几二十年的人希望看到的。所以，我们愿意成为这波浪潮当中站在潮头的人，愿意成为破局的、立新的人。

我们希望看到的结果是能让这个行业当中另一端的资源活跃起来，得到更加专业的服务和支持，能够给房产需求者（包括买方、卖方、投资者、租客等对房产有需求的人）更多的帮助。这也是我们一直在遵循和追求的。

从服务出发，远没有尽头，距离顶级的行业规范还差得甚远。我们希望在这波浪潮当中打破原有的格局，至少是能够出现一波新的力量来寻求一个新的突破点。无论成败，我们认为，整个行业未来的发展趋势必须有一个推动力，必须有一个选择，以及为房地产经纪行业制造出更多空间的方式。

二、不可预期的未来要用非常方式

很多人说未来可期，可是谁又去过未来，谁会知道未来怎样，仅凭一腔鸡血无所畏惧，那只是青春期会做的傻事。如果未来不可预测，是不是就任凭发展坐以待毙了呢？答案当然是否定的。虽然无法预测未来，但是我们可以知道未来应该需要什么，寻找突破点，把握本质，聚焦核心。

（一）突破点：从购房者的需求出发

购房者在想什么？这是房地产经纪人员最想知道的答案，但现实情况是在各种信息的驱使下，有些购房者也不再理智，甚至根本不知道自己为什么要买，不知道自己的真正需求，疯狂的市场改变了购买关系中的需求关系。房地产经纪人员开始以房源为重点，为房源找客源，甚至不再关注客户的需求，仅依靠市场反应和销售技巧就可以把客户不是很满意的房子卖出去。在大时代下这一切都是正常的，甚至必须的，但是现在不一样了，懂房子的客户越来越多，有购房经验的客户越来越多，再依靠单纯的市场反应和销售技巧已经很难让客户做出非意愿的选择了。

很多经纪人员跟我说房源在手就是王道，因为他们掌控着核心资源。但是所谓的核心资源，所谓的独一无二的房源并不是唯一的，客户的选择空间越来越大，无论是资金情况还是可接收的区域都是逐步拓展的，所以死守房源的方式和快速发展的需求已经不契合了。要想更好地提供经纪服务，制造更高的价值就一定要从购房者的需求出发，放大购房者的喜好，提升购房者的体验感，也就是从服务上进行突破。

（二）本质：服务没有上限

经纪行业提供的是服务，即本质。过去很多年，房地产经纪行业一直在服务角度寻求突破，无论是门店的设计、门店的服务内容、房地产经纪人员的服务方式等多个角度上都有着明显的改善，但是业务模式没有改变，所谓的服务也只是在表现形式上。例如房源展示方面，从最早的传单、展业板，到网页、相册，到APP、VR看房，看似与时俱进，从文字到图片到视频，但实际上看房依旧还是到现场，这些展示工具和方式只是招揽工具，所谓服务感受并没有实质的体现。

那么服务应该是怎样的呢？仅仅通过不同工具的展示房源不是真正的服务，真正的服务应该是根据购房者的需求给出专业的意见，给购房者找到理想的房子，而不是为房子找购房者。在这个过程中，门店的服务感受，专业分析的大数据，高度匹配的模型可以让购房者有更好的购房体验，让房地产经纪人员成为最了解购房者的人。

（三）核心：专业是数据累计出的结果

什么是专业？如何做到专业？专业就是精准，可以让一位思绪混乱的购房者锁定自己想要的房源，让一位优柔寡断的购房者迅速做出决定，这一切不是源于销售技巧，而应该是大数据给出的让人信服的结果。

如何让房地产经纪人员成为购房者“肚子的蛔虫”？依靠的不是房地产经纪人员自己，依靠的是团队，依靠的是大数据分析给出的真实结果。通过对购房者基本信息、关注喜好等方面的分析可以准确地分析出购房者倾向的房屋风格和居住用途，通过区域房源的整体数据汇总可以快速匹配出购房者心仪的房子。准确的数据分析得出的结果往往是意想不到，是脱离原有经纪人员推荐意见的，其主要原因就是有些购房者会隐藏自己的根本意图和喜好，有些购房者甚至说不清楚自己的真正需求，就被经纪人员错误引导。而在数据面前，这些问题都会暴露无遗。

大数据分析的准确性自不必多说，那么大数据又从何而来的呢？简单地说，大数据是靠积累获得的，是无数的房屋数据和无数的客户画像模板构建而成的，所以提供专业服务的基础就是数据的积累。

三、网红时代需要的私人房产咨询师

移动互联网时代是一个自媒体大行其道的时代，每一部手机、每一台电脑都可以是移动电台，每一个人都可以是百万粉丝级网红主播，无数的资讯充实着整个网络平台，甄别出其中真实有效的信息是现代人每天需要做的事情。我们希望在这个时代，利用网络工具让房地产信息传递的更加准确，去伪存真，做专业的私人房产咨询师。

（一）又红又专的私房师

私房师即房产咨询师的简称，此前在行业内并没有这个说法，比较接近的岗位是独立房地产经纪人，但是服务的方式又不一样，他的作业方式更接近于律师，是为房产需求者提供咨询服务的工作。这里提到的房产需求者范围很广，包括普通购房者、租客、投资者、企业等，只要对房产有需求的自然人和单位都可以是私房师的服务对象。

私房师是一个“又红又专”的工作岗位。红指的是网红，乘着网红经济的浪潮打造网红房产经纪人，就是我们的私房师。专指的是专业，仅仅是个网红是无法为房产需求者提供服务的，所以，私房师最与众不同的点在于专业，而私房师身后站着的是我们专业的数据分析团队，了解房产需求者的真实意向，再从浩如烟海的房源信息中找到最适合房产需求者的小区和房源。

（二）马斯洛五重房产需求

私房师的服务对象是谁，我们通过马斯洛需求理论找到了答案。

马斯洛需求理论把人的需求分成五个层级，从低到高分别为生理的需要、安全的需要、归属与爱的需要、尊重的需要、自我实现的需要。根据人在不同阶段不同层级的不同需求，我们拟定了相对应的五重房产需求。

1. 生理需求是最低的需求层级，也是最好满足的层级，因为很多停留在生理需求的人仅仅通过租赁获得栖身之所。在这个层级，私房师每年会义务帮助应届毕业生寻找他们进入社会的第一个栖身之所，同时他们也将成为我们对房产需求变化的观察样本和私房师分享平台的自愿者。

2. 安全需求一定程度上依旧停留在租赁这个领域，很多人从合租房搬进了单身公寓或整租房中。在这个过程中，私房师需要根据租房者的工作和生活习惯给出建议，以职业生涯规划的角度权衡利弊，给出一个拥有更高价值的意见。

3. 归属与爱的需要出现的时候，已经有很多人摆脱了租客身份，开始购买了人生中的第一套房产。这第一套房产很大程度上是刚需婚房，拥有爱情和家庭，需要找一个一室一厅或二室一厅的住房来安放。针对这类房产，私房师会考虑购房者的配套和未来溢价空间，因为往往第一套购入的房产之后会被置换掉，那么置换出的资金数量将会非常关键。

4. 尊重需要在房产需求上的反应可以分为两部分，一部分是通过自己住房或公司办公场所的优越程度来体现，另一部分是通过自己投资房产产生的价值来体现。不论高档住宅、办公楼还是投资商业地产，这当中涉及的专业信息非常的多，此时的私房师主要的工作就是获取信息，根据需求做出研判。

5. 自我实现的需要在房产反映出来的就是顶级豪宅可以对应的。在国内最好的城市甚至国际上最有影响力的城市拥有豪宅，通过这种方式来展现自己的存在感，是无数成功者正在做的事情。做到这个阶段，私房师的作用就被释放到最大，除去房产的情报和洽谈等内容，资产配置也将是私房师的主要任务。

人在不同的发展阶段有不同的需求，从毕业生到企业家，从合租房到顶级豪宅，私房师始终通过专业度在尽全力地服务房产需求者。

（三）私人定制式的房地产经纪服务

私房师的服务方式是给出专业的不动产管理意见，为了更加贴近房产需求者的真实需求，更好地提供服务，每一个意见或咨询报告都是私人定制，并不是单纯的数据积累。

私房师的工作有些接近于律师，与服务对象处于一个长期的合作关系，不仅是对购房环节提供服务，更多的是提供房产管理意见，放大房产的价值。

私房师的服务流程首先是通过互联网平台获取房产需求者，然后进行第一次需求获取和分析，之后通过服务班车和实体水吧与房产需求者产生面对面沟通，获取全面的客户信息，制作客户画像，匹配相应的区域和房源情报，最后如需经纪服务，私房师会提供洽谈、签约、过户等服务。在此期间，房产需求者对私房师的服务满意，可以签署长期服务协议。达成成交的房产需求者缴纳的服务费即包括长期服务的咨询费用。

私房师不仅是一个人，背后是庞大的线上平台系统、全面的房源和客户画像数据库、贴心的服务系统和意想不到的增值服务体验。总之，私房师提供的是多维度、高品质、全方位的房产服务。私房师必定成为房产服务行业的新兴力量。

四、总结

这个时代需要改变，改变需要探索者，也许我们并没有那么伟大，至少我们愿意尝试。未来中国房地产一定会进入以房地产经纪为主导的时期，那么，现有经纪模块中缺失的独立经纪人和行纪都会出现。购房者已经需要打破常规更加专业的贴心的服务了，我们需要突破，需要尝试，用我们的科学技术和需求认知更好地服务购房者，让这个行业更加专业，更加规范，更加具有竞争力。

（作者单位：哈尔滨之凡商务信息咨询有限公司）

发挥房地产经纪作用

——提升二手房公积金贷款的接受度和便捷度

王明珠[1]　陆卓玉[2]

摘　要：近年来，二手房交易占比、房地产经纪渗漏率均有所提高，通过房地产经纪服务促成的二手房交易，其贷款环节多由经纪机构代办。住房公积金贷款改进措施应结合二手房交易实际，更多发挥房地产经纪作用。因此，本文通过调研了解分析房地产经纪对二手房公积金贷款的影响作用，在此基础上，结合我国二手房公积金贷款使用中存在的主要问题，提出应明确公积金贷款服务流程方便经纪人员查询和咨询、加大对经纪人员的公积金政策宣传和培训力度、探索建立公积金中心与房地产经纪机构合作机制等政策建议，旨在提升二手房公积金贷款的接受度和便捷度。

关键词：二手房公积金贷款；房地产经纪机构；房地产经纪人员；接受度；便捷度

一、引言

近年来，为落实“放管服”改革，各地住房公积金管理中心（以下称公积金中心）结合个人住房公积金贷款（以下称公积金贷款）政策及实际工作情况，对公积金贷款进行流程优化、材料精简及信息化建设，审批时限大幅缩短，贷款发放额度逐年提高①，服务成效显著提升。尤其是新房交易中的公积金贷款，各地“减证增效”等便

① 全国住房公积金年度报告数据显示，2017～2019年，每年全国发放个人住房公积金贷款分别为9534.85、10218.53、12 139.06亿元。

民措施成效显著，全国贷款覆盖率呈上升趋势[①]。但在二手房交易中公积金贷款改革成效稍显滞后，如二手房公积金贷款使用率较低[②]、组合贷款审批时效较长等。

随着二手房交易在房地产交易中的占比越来越高[③]，公积金贷款发放应更多向二手房交易渗透，有关改革措施应更多聚焦二手房交易。二手房交易中，购房者多选择通过专业房地产经纪服务完成交易，房地产经纪机构和经纪人员在二手房公积金贷款业务中的参与将更广泛、影响作用将更大。亟须研究如何发挥房地产经纪机构和经纪人员在公积金贷款业务中的重要作用，以进一步提高二手房公积金贷款的接受度和便捷度。

二、房地产经纪机构及经纪人员在二手房公积金贷款中的影响

1. 一定程度上提升了二手房公积金贷款接受度和便捷度

在二手房交易占比、房地产经纪渗透率越来越高[④]的趋势下，经纪机构和经纪人员在公积金贷款中的作用主要体现在两方面。一是经纪人员对公积金贷款政策的理解掌握情况、给买卖双方传递的政策信息是否全面准确，直接影响购房者是否使用公积金贷款。调研发现，不论是否允许经纪机构代办公积金贷款，通过经纪机构促成的房地产交易中，购房者对公积金贷款政策的信息获取主要是来自为其提供服务的经纪人员。二是公积金中心、贷款业务经办部门与经纪机构的合作情况、业务对接情况，直接影响公积金贷款的办理效率。

2. 以成交为目的经纪服务对公积金贷款的使用有一定影响

实地调研中，经纪机构普遍认可各地的公积金改革成效，能够感受到各地在公积金贷款办理要件和手续明显简化，审批时限确实缩短不少。经纪机构还反映，其主要关心能否促成交易、收到佣金，对于房款支付方式、客户是否选择公积金贷款没有普遍性支持或反对意见。经纪人员一般只是结合买卖双方客户实际情况，告知商业贷款、纯公积金贷款、组合贷款三种贷款方式的优劣势，最终选择何种类型贷款，由买卖双方共同选择决定。但在实际交易中，不排除由于经纪人员没有真正了解公积金贷款政策，从而引导买卖双方放弃使用公积金贷款，尤其是组合贷款的情形。

① 全国住房公积金年度报告数据显示，2017～2019年，全国新房交易额中公积金贷款占比分别为10.7%、9.7%、12.2%，总体呈上升趋势。

② 全国住房公积金年度报告数据显示，2019年全国二手房交易额中公积金贷款占比只有1.9%，相比新房低10.3个百分点。

③ 根据贝壳研究院测算，2019年，全国有19个城市二手房交易量（套数）占比超过新房；13个城市二手房交易额超过新房。

④ 房地产交易中通过中介机构促成的比例超过60%，其中一、二线城市超过80%。

3. 不同城市经纪服务在公积金贷款中发挥的作用有所不同

通过经纪服务完成的二手房交易，其贷款办理环节多由经纪机构的工作人员代办完成。但不是所有地方的政策都符合实际交易习惯，是否允许经纪机构代办公积金贷款，各地公积金中心要求不同，如济南和青岛允许由经纪机构代办或协助办理，重庆则不允许。出于担心经纪机构乱收代办服务费的顾虑，重庆公积金中心规定，借款申请人办理公积金贷款需要亲自到公积金贷款经办网点，不能由经纪机构代办。

三、影响房地产经纪服务在二手房公积金贷款中作用发挥的原因分析

1. 二手房公积金贷款服务流程不透明不确定，经纪人员无法跟进贷款办理进度

根据对经纪人员的访谈调研发现，目前二手房公积金贷款服务流程普遍存在流程不透明问题。同一个城市实际办理流程也可能存在不一致，如北京市属公积金与国管公积金办理流程存在不一致。此外，公积金贷款业务办理进度不可示，经纪人员无法及时跟进，可能耽误后续交易流程办理。

个别贷款环节还存在不确定性，如有些城市虽已不需要借款人提交评估报告，但是部分二手房由于房龄缺失等原因，在贷款审批环节，公积金中心可能要求借款申请人补充提交评估报告。房地产经纪机构为了防止补交材料耽误交易进度，或者担心实际情况与先前承诺不符引起客户不满，一般会请购房客户提前准备评估材料，评估费用由购房客户承担。流程的不透明、不确定增加了借款申请人办事难度及负担。

2. 公积金贷款政策宣传力度不足，经纪人员对政策掌握不够

各地公积金中心对公积金贷款政策的宣传，主要以办事大厅放置宣传手册、官方网站发布政策信息等形式进行，专门针对相关房地产交易主体进行的培训不多，造成公众对公积金贷款业务理解不透或存在误解。调研显示，经纪人员对于住房公积金贷款政策知识的了解，完全靠自我学习和总结，担心会对政策理解不透、把握不准，因此公积金贷款一般多由购房客户提出使用，经纪机构和经纪人员主动宣传和推荐使用的情况不多。

3. 公积金中心与经纪机构合作较少，不能满足市场需要

随着重点城市二手房交易需求、房地产经纪渗透率日益增长，商业银行已经通过与经纪机构交易系统对接、派工作人员长期驻点经纪机构二手房交易中心等方式提升了服务效率与服务体验，降低借款申请人贷款办理难度。

与商业银行相比，各地公积金中心与经纪机构合作对接较少，双方无法做到线上信息对接，经纪机构无法查询贷款办理进度，不利于业务范围扩大、办理效率提升，同时也降低了借款申请人的服务体验。部分城市公积金中心与经纪机构互相业务了解明显不足，甚至存在误解，如经纪机构不了解近年来公积金中心的改革措施，公积金中心不了解经纪行业对于代办业务明码收费的交易习惯。

四、提高二手房交易中公积金贷款接受度和便捷度的政策建议

为使住房公积金贷款发放逐步向二手房交易渗透，提高二手房公积金贷款接受度和便捷度，应积极发挥房地产经纪机构和经纪人员的作用，加强公积金中心与经纪机构之间的合作交流。

1. 明确公积金贷款办理流程，方便经纪人员查阅及咨询

对于借款申请人来说，公积金贷款业务办理属于低频行为，借款申请人一般不熟悉、不了解公积金贷款业务的服务流程，其办理业务、了解进度主要依赖经纪人员。因此，各地公积金中心应制定公积金贷款服务流程、标准或指南，明确公积金贷款办理流程与要件要求，方便经纪人员查阅了解。对于政策难点，应通过电话、在线、窗口等多渠道提供咨询途径，便于经纪人员准确掌握当地公积金贷款现行政策，及时协助借款申请人准备贷款申请材料，跟进贷款审批进度，减少公积金贷款办理中的不确定性，降低经纪人员及借款申请人办事负担。

2. 加大对经纪人员的公积金政策宣传和培训力度

考虑到经纪人员在二手房交易中对住房公积金贷款政策的了解和宣传，对帮助购房者选择住房公积金贷款起到事半功倍的效果，各地公积金中心应加强对经纪机构和经纪人员公积金政策的宣传和培训力度。一是不断拓宽宣传渠道，开展线下宣传，并充分利用信息技术拓展线上宣传。尤其是对公积金业务办理中的改进措施、好的做法、贷款新政进行宣传，提升经纪机构和经纪人员对公积金贷款的知晓度和接受度，提升公积金贷款材料准备的准确性和高效性。二是可以联合房地产经纪行业组织、大型房地产经纪机构，对经纪人员进行培训，甚至可以将公积金贷款政策内容做成入职或继续教育等线上培训课程，供经纪机构及经纪人员反复学习。

3. 探索建立公积金中心与经纪机构合作机制

各地应加强公积金中心与经纪机构交流对话，增进双方对互相业务的理解，探索双方在公积金贷款方面的合作机制。一是各地公积金中心应结合二手房交易习惯，探索经纪机构代为办理公积金贷款模式。例如，可以在公积金贷款系统中为经纪机构开设专用账号，方便经纪机构统一进行贷款申请及业务查询，及时跟进贷款审批进度，以便第一时间通知交易双方贷款办理进度。二是探索公积金中心与经纪机构进行系统对接。考虑到公积金贷款要求提交的很多资料，在签订二手房买卖合同环节，经纪机构已经收集并录入系统。为避免借款申请人重复提交，有效提升审批效率，可以借鉴商业银行与经纪机构的合作模式，与经纪机构进行系统对接，公积金中心仅需对资料进行二次审核即可。

（作者单位：1 中国房地产估价师与房地产经纪人学会；2 贝壳研究院）

后 记

2020年，突如其来的新冠肺炎疫情对我国和全球经济产生巨大影响，世界面临百年未有之大变局，为引导广大房地产经纪机构、住房租赁企业有效应对疫情带来的冲击与挑战，于变局中既能做好房地产经纪服务和住房租赁经营，又能把握好未来发展趋势，抓住契机促进行业转型升级及提升行业社会形象，2020年8月28日，中国房地产估价师与房地产经纪人学会举办了主题为“突破与提升——大变局下房地产经纪和住房租赁发展与展望”的2020中国房地产经纪年会，并公开征集论文。我们从投稿论文中遴选出房地产经纪相关的优质论文汇编成本论文集，并公开出版，供业内参考。住房租赁相关论文将汇编到下一年度住房租赁论坛论文集。本论文集同时收录了2019年、2020年中国房地产经纪年会演讲稿和2019—2020年《中国房地产估价和经纪》杂志所载部分贴合主题且质量较好的文章。

本论文集由中国房地产估价师与房地产经纪人学会主编。在论文征集及编辑过程中，柴强会长、赵鑫明副会长兼秘书长负责对全书进行了审定；副秘书长王霞具体负责组织实施和指导编辑；程敏敏主要负责文章筛选及编排工作，宋梦美、王明珠分别承担了前期和后期具体编校工作，梁宇宇、涂丽、刘朵等对论文集的编辑出版提供了许多帮助。

在编辑过程中，东北财经大学投资管理学院王全民教授、清华大学季如进教授对部分文章进行了审阅。根据专家意见部分作者对文章进行了修改完善，编者对部分论文的题目、文字表述等做了适当修饰。本论文集凝聚了各位作者的才思和心血，还有许多人士为其编辑付出了辛勤劳动和宝贵时间，在此表示衷心感谢！

因编者水平有限，若有不妥之处，敬请读者指正。期待本论文集能为我国房地产经纪行业可持续发展提供借鉴。

中国房地产估价师与房地产经纪人学会

2021年7月